U0618177

策之道

——十堰日报传媒集团广告经营经典策划案例精选

主编　李东晖

副主编　王　清

中国出版集团

世界图书出版公司

图书在版编目（CIP）数据

策之道：十堰日报传媒集团广告经营经典策划案例精选 ／ 李东晖主编.—广州：世界图书出版广东有限公司，2014.9

ISBN 978-7-5100-8589-5

Ⅰ.①策… Ⅱ.①李… Ⅲ.①广告—策划—案例

Ⅳ.①F713.81

中国版本图书馆CIP数据核字（2014）第211703号

策之道——十堰日报传媒集团广告经营经典策划案例精选

责任编辑	李　瑞	
出版发行	世界图书出版广东有限公司	
地　　址	广州市新港西路大江冲25号	
http://www.gdst.com.cn		
印　　刷	虎彩印艺股份有限公司	
规　　格	787mm×1220mm　1/16	
印　　张	12	
字　　数	218千	
版　　次	2014年9月第1版　2015年6月第2次印刷	
ISBN	978-7-5100-8589-5/F・0157	
定　　价	98.00元	

履　痕

　　万事策为先，广告经营也不例外。广告创意与策划在广告经营中起着至关重要的作用，好的策划会使一则广告达到四两拨千"金"、事半功倍的效果。广告处在报业"四轮驱动"（内容、发行、广告、品牌推广）的重要一环。近年来十堰日报传媒集团按照产业化运作规律进行布局，从传统的"采编为主"转向内容、品牌、广告、发行、印刷、管理同步发展，从单一的"内容为王"发展为"多元化"核心竞争力，初步形成"四报九网两刊两端一栏两微信"（《十堰日报》、《十堰晚报》、《十堰手机报》、《十堰惠农手机报》，秦楚网、十堰政府网、25°生活网、房产在线、伯乐网、楚之游、十团网、十堰车友网、乐GO汽车网，《十堰Magazine》、《大悦风尚》，游十堰客户端、秦楚网客户端，公共阅读栏，十堰晚报微信、秦楚网微信）的媒体矩阵。十堰日报传媒集团广告经营总公司长期致力于广告策划的研究，对每一则广告都经过周密细致的研究分析后，形成广告文案，然后再反复推敲，最终拿出可行的优质高效的方案进行操作，从而避免了盲目性。通览本书，我们发现十堰日报传媒集团广告经营呈现以下三个特点。

　　（1）新闻策划与广告策划深度融合。将新闻策划与广告策划巧妙融合，既凸现案例的新闻价值，又提高案例的商业价值。2010年第四届世界传统武术节期间，立足新闻与广告、历史与美学、服务与特色共融，推出了《道和天下》特刊。武当山是道教祖庭，策划巧妙地提炼出道教核心——八卦，分乾、兑、离、震、巽、坎、艮、坤八部分，对应八种自然现象天、泽、火、雷、风、水、山、地，将房地产、医疗、通讯、财经、旅游等行业尽收其中，一线串珠，形散神聚，使每一版块既相对独立又互为一体。为使每章节有"动"有"静"，和太极八卦的"动静有度"相统一，《道和天下》将每版块的亮点冠以"十堰印象"进行高度提炼，包括"一座城市的光荣与梦想"，"一场盛会的绽放与灵光"，"一座名山的探寻与解读"，"一方水土的追溯与品味"，"一部调水的壮歌与史诗"，"一项产业的崛起与壮大"，"一方民生的滋养与眷顾"，"一张名片的打造与凝思"，"一介品牌的成长与见证"，"一个市场的觉醒与破题"。

　　（2）线上策划与线下活动互动。策划的多元为销售的成功提供多种可能，线上与线下相互促进是一种有益的探索。2013年5月1日前夕，为五堰商场策划的婚礼年代秀摒弃了常规的自我营销模式，线上宣传与落地活动互为补充。一方面报纸版面推出新闻稿件，《十堰Magazine》推出《新婚口袋书》，另一方面在十堰的"王府井"表演一场盛大的婚礼年代秀。现场观者如堵，每人都免费获得一本《新婚口袋书》。活动一出，婚礼年代秀被新华网等全国30余家网站放在头条。2009年，受全球性经济危机影响，十堰城区的房子逾发难卖，危难之际我们策划了2009年湖北（十堰）精品楼盘县市巡展，巡展到每一个县市区，纸媒出版特刊，现场活动造势。此项活动受到回乡置业者和县市置业者的热烈欢迎，帮卖房难的开发商缓解了燃眉之急。

　　（3）策划创新与地域特色结合。创新即是活力，没有创新就没有未来。况且传媒业本来就是一个日新月异的行业，新思路、新技术不断更新。2010年4月16日，受3D电影启发策划出中国第一份3D报纸，旋即在全国掀起一股3D浪潮。2011年3月，湖北省县域经济会在十堰召开，《十堰日报》策划推出108版特刊。一叠100余版的报纸如果要做到整齐，要么装订要么用外包装。策划人员创新思路，将特刊外包装设计为简状，且外包装图案用《十堰日报》要闻版版面，简状报纸版面上有省委书记李鸿忠赴黄冈团凤移民安置点亲切看望慰问郧县移民的彩色照片。在简状包装的手提带上缀上一颗绿松石吊坠（可以代表十堰走向世界的名片）。一连串创新实现了特刊的可读性、便携性、收藏性，会后与会代表均赞不绝口。无独有偶，2012年2月，省委、省政府在十堰召开现场会，研究支持十堰打造区域性中心城。此时，十堰正值初春，万物勃发。《十堰日报》出版特刊，策划人员将特刊包装设计成信封形式，用粉红色作底，意寓温暖、温馨，上书"送给与会代表的一封春天的来信"，与会者拿到特刊如沐春风，备感亲切！

　　正是这些策划到位的优质经典广告策划，使得十堰日报传媒集团的广告经营创造了一个又一个辉煌，翻越了一座又一座高峰。在这个过程中我们用"责任意识、集体智慧、团队精神"书写的发展业绩，汇聚了全社同仁的心血、智慧和汗水，凝成一串闪光的履痕。这些履痕，或深或浅，或大或小，或隐或现，或巧或拙，镌刻在我们的脑海里、心田上、记忆中。

　　温故而知新。站在传媒转型的历史节点，正值十堰日报传媒集团发展处于较好时期，将集团广告经营经典策划案例汇集成书，旨在总结过去几年广告策划在广告经营创收中的重要作用，增强集团广告策划意识，指导和鼓励集团广告经营总公司在未来的发展中，依靠集体智慧创新广告策划，为集团广告经营创收、为十堰日报传媒集团的事业发展，做出积极的更为突出的贡献！

　　是为序。

雷　勇
2014年4月16日

编 委 会

《十堰Magazine》二维码：

APP软件　　　　新浪微博　　　　微信

目录/Contents

壹　十堰最富年味的春节消费白皮书
欢乐Style中国年
------001

贰　国庆特刊《向祖国汇报》策划案
一部辉煌60年的十堰文本
------011

叁　第四届世界传统武术节特刊策划案
道和天下
------017

肆　新思域上市推广策划案
寻车记
------029

伍　《健康消费大全·四大名著》策划案
求新，匠心独运
------037

陆　《天宫"医"号》特刊策划案
展精尖科技 奔杏林天宫
------045

柒　"阳光温暖一座城"策划案
大声说出你的爱
------051

捌　《十堰日报》第三届美丽女人节策划案
跟我一起变美丽
------061

玖　《大运"惠"》特刊策划案
无中生有的精彩
------069

拾　人商百货整体迁至北京路系列报道策划案
小策划大影响
------077

拾壹　五堰商场平面模特大赛策划案
瞄准，向时尚射去
------083

拾贰　人民商场时尚之"履"营销策划案
高跟鞋女王争霸赛
------089

拾叁　2013五堰商场婚礼年代秀策划案

穿越时空的爱恋

------101

拾肆　2011年"金九银十"刚需置业报告策划案

圆心的优势

------ 111

拾伍　2009年湖北(十堰)精品楼盘巡展策划案

经济危机下的楼市突围

------117

拾陆　湖北房地产(十堰)年度总评榜策划案

角逐"地产奥斯卡"

------125

拾柒　十堰首届"裸婚"婚庆博览会策划案

给婚姻加"蜜"

------137

拾捌　"十一消费大全"策划案

致无尽岁月

------143

拾玖　《十堰晚报·消费大全》十年回顾

十年躬耕带来品牌力量

------155

贰拾　《十堰Magazine》大型新闻专题策划"东方圣玉"后记

十堰风物第一传

------159

贰拾壹　十堰日报传媒集团"特色设计"之探究

报纸特刊的包装与创意

------167

贰拾贰　十堰日报传媒集团办活经营性专刊之探究

精准策划下的战略出击

------177

壹

我们缺少的不是过"年"的激情，而是庆
"年"的新方式与新载体。

策划案例：2013十堰最富年味的春节消费白皮书
实施时间：2013年元月中旬
创 新 点：给营销插上文化和娱乐的翅膀

十堰最富年味的春节消费白皮书

欢乐Style中国年

□李毅

T1—T44 十堰·晚报 2013年2月1日 星期五 责任编辑 陈洁 编辑 胡灿成

喜庆的春联、火红的灯笼、热气腾腾的饺子、不绝于耳的爆竹声、绽放在夜空中的美丽烟花……过年了！

2013新年将至之际，本刊推出《欢乐Style中国年》特别策划，为你打造一册最富年味的春节消费手册，解读深层的年俗文化、盘点趣味的年味故事、搜罗新兴的庆年方式、推荐创意的消费主张，让你呼吸到浓浓年味的同时，玩转这个欢乐Style中国年！

T04—T09 楼宇篇   T22—T29 美食篇

T10—T13 家居篇   T30—T32 通讯篇

T14—T21 年货篇   T34—T42 健康篇

封面

策划思路

　　"江南style"这么火，正好信手拈来：串起年俗文化，佐料年味故事，翻新庆年创意，端出消费新主张……

　　一场举国同庆的盛会叫春节。

　　一段辛苦甜蜜的旅程叫春运。

　　一间牵挂相思的屋子叫老家。

　　一次囤积购物的过程叫办年货。

　　一顿丰盛团圆的晚餐叫年夜饭。

　　一声美好祝福的问候叫拜年。

　　一种新兴庆年的方式叫春节游。

　　一抹全民膜拜的颜色叫中国红。

　　一个吉祥如意的符号叫中国结。

　　一份民族凝练的情愫叫中国情。

第一部分
一场举国同庆的盛会叫春节

文化解析

中国年是春节的别称。因为春节是中国最为隆重的节日，全球华人华侨都庆祝春节，故名中国年。春节，即农历新年，俗称过年，一般指除夕和正月初一，与清明节、端午节、中秋节并称为中国汉族的四大传统节日。"春节"一词已入选中国世界纪录协会中国最大的节日，位居中国四大传统节日之首。2006年5月20日，"春节"民俗经国务院批准列入第一批国家级非物质文化遗产名录。在民间，传统意义上的春节从腊月初八的腊祭或腊月二十三、二十四的祭灶开始，一直延续到正月十五，其中以除夕和正月初一为高潮。春节历史悠久，起源于殷商时期年头岁尾的祭神祭祖活动。春节期间，中国的汉族和很多少数民族都要举行各种活动以示庆祝。这些活动均以祭祀神佛、祭奠祖先、除旧布新、迎禧接福、祈求丰年为主要内容。活动丰富多彩，带有浓郁的民族特色。现在随着中国软实力和硬实力的不断提升，中国年正在慢慢国际化，受到世界各地人们的追捧，过中国年的人越来越多，中国"年味"正在蔓延全球！

第二部分
一段辛苦甜蜜的旅程叫春运

文化解析

春运是中国在农历春节前后发生的一场大规模的高交通运输压力现象，以春节为中心，共40天左右，对铁路、公路、航空进行专门运输安排的全国性交通运输高峰。中国春运被誉为人类历史上规模最大的周期性的"人类大迁徙"。在这40天左右的时间里，有30多亿人次的人口流动，占世界人口的1/2，相当于全国人民进行两次大迁移，创造了多项世界之最、中国之最。

《汽车周刊》封面

有一种寒冷叫"忘穿秋裤"，有一种拥挤叫"渴望自驾"。亲，你可曾为一张回家的车票彻夜排队？是否感受过春运途中的摩肩接踵？是否想在这个春节出行之前买一部属于自己的车？

相关部室：汽车部

第三部分
一间牵挂相思的屋子叫老家

文化解析

老家指在故乡的家庭。老家是什么？老家就是那座山城、那条河道、那片绿色的小树林、那间四世同堂的屋子、那张慈父慈母爬上皱纹的脸……老家意味什么？意味着生命的根基。即使没有生在这里也没有长在这里，但是这血脉、这基因、这些与生俱来的东西是永远不会改变的，世世代代都不会改变。老家，不管她是穷是富，是美是丑，都是精神家园的一部分。爱她，敬她，想她，梦她，念她，品她……你才是个有根底的人，睡得更安稳，活得更踏实。

招商线索

在外打拼的人啊，回到久违的老家，是否发现装满童年回忆的老房子不再那么光鲜，甚至墙角有些剥落的痕迹？是否察觉到鬓角添了银丝的父母双亲，总爱站在新楼盘的广告牌前驻足欣赏？给他们一个更安稳舒适的家吧！

相关部室：房产部

第四部分
一次囤积购物的过程叫办年货

文化解析

过年，是中国人几千年来最大的事！过年之前要做很多准备，要买很多东西，吃的、用的、穿的、戴的、耍的、供的、干的、鲜的、生的、熟的，统称"年货"，而这个采购的过程则被称为"办年货"。除了置办过年期间的食材以外，人们会买糖果、干果、水果、巧克力、曲奇饼等供亲戚朋友来拜年时享用，也可当作去别人家拜年时送的礼物。有老人的家庭多数喜欢自己晒制，老人不在身边的年轻人也会买些现成的年货。据说，在农村，有的农户甚至要花上整个腊月的时间来置办这些年货。在置办年货的点点滴滴中，喜庆气氛次第展开。

今年年货买点啥，钱多的买切糕，钱少的买年糕！日子一进入腊月，年味就越来越浓，家家户户都开始置办年货，腊肉、腌鱼、酱鸭、腌火腿，甚至小核桃、冬笋……置办年货，去这些地方吧！

相关部室：商场部

第五部分
一顿丰盛团圆的晚餐叫年夜饭

文化解析

年夜饭又称团圆饭，是农历除夕的一餐。这一天人们准备除旧迎新，无论相隔多远，工作多忙，总希望回到自己家中团聚，吃一顿团团圆圆的年夜饭。因此年夜饭也叫"合家欢"，是人们极为重视的家庭宴会，表现出中华民族家庭成员的互敬互爱，这种互敬互爱使一家人之间的关系更为紧密。家人的团聚往往令一家之"煮"的父母长辈在精神上得到安慰与满足，老人家眼看儿孙满堂，一家大小共叙天伦，过去的关怀与抚养子女所付出的心血总算没有白费，这是何等的幸福。而年轻一辈，也正可以借此机会对父母的养育之恩表达感激之情。

招商线索

热热闹闹的春节就要到了，而春节最为期盼和重要的莫过于合家团圆的年夜饭。在鞭炮声中，全家人围坐在一起，共同辞旧迎新。如何把年夜饭吃得精致、吃得健康就有讲究了。欢乐年夜饭，你想在哪儿吃？如何吃？

相关部室：综合部

第六部分
一声美好祝福的问候叫拜年

文化解析

拜年是中国民间的传统习俗，是人们辞旧迎新、相互表达美好祝愿的一种方式。我们通常知道的是正月初一家长带小辈出门谒见亲戚、朋友、尊长，用吉祥语向对方祝颂新年，幼者叩头致礼，谓之"拜年"。主人家则以点心、糖食、红包（压岁钱）热情款待。古时"拜年"一词原有的含义是为长者拜贺新年，包括向长者叩头施礼、祝贺新年如意、问候生活安好等内容。遇有同辈亲友，也要施礼道贺。随着时代的发展，拜年的习俗亦不断增添新的内容和形式。现在人们除了沿袭以往的拜年方式外，又兴起了礼仪电报、手机飞信、网络微

1 楼宇篇小封面
2 家居篇小封面
3 年货篇小封面
4 美食篇小封面

1	2
3	4

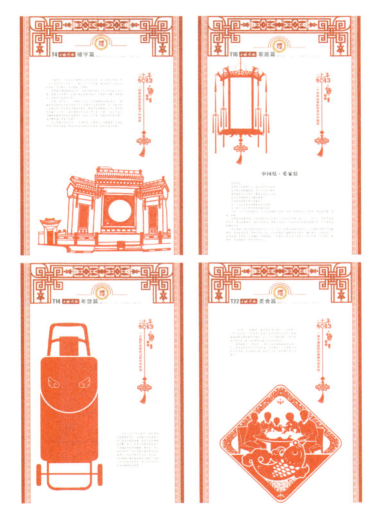

博、电子贺卡等新的拜年方式。

招商线索

　　大年初一，人们穿戴一新走亲访友，相互拜年。可是，路途遥远伤不起，异地恋爱伤不起，独自在外伤不起！如何向远方的亲朋好友拜年呢？提前筹集你的数码装备吧！手机、电脑、可视电话一样也不能少！飞信、微博、私信一项都不能落！

相关部室：通讯部

1　通讯篇小封面
2　健康篇小封面

| 1 | 2 |

第七部分
一种新兴庆年的方式叫春节游

文化解析

　　春节黄金周由于五一长假被取消更显"珍贵"。一年的辛劳奔波早已疲惫,高楼大厦的城市环境早已呆腻,公式化的生活更是让人觉得麻木。都市里虽然也有让人放松的地方,可哪里比得上自然界的盛景——青山绿水、高原海子、阳光沙滩、林海雪域。于是,你想背起行囊,在这个岁末好好奖赏自己。你可以去南方的海岛,在寒冷的冬天感受沙滩的热度;你也可以去北方的冰天雪地,泡温泉、高山滑雪,尽情地释放着自己的疲惫;当然,你还可以到异国他乡,感受不同的文化,体验不一样的春节。

招商线索

　　春节将至,空气中充满着新年的味道。你是想安安分分地"快乐到家",还是想体验一把

《人再囧途之泰囧》里的冒险奇遇？目前，各大旅行社的春节游线路已经全面上市。下面就为您搜索最全面的旅游攻略，推荐最值得一去的好地方。

相关部室：《旅游周刊》

第八部分
一抹全民膜拜的颜色叫中国红

文化解析

红色是中华民族最喜爱的颜色，甚至成为中国人的文化图腾和精神皈依。中国红氤氲着古色古香的秦汉气息，延续着盛世气派的唐宋遗风，沿袭着灿烂辉煌的魏晋脉络，流转着独领风骚的元明清神韵，是嘉兴南湖的红色航船，是八一南昌的炮火连天，是井冈山上的星星之火，是雪山草地的赤胆忠心，是新时代中国人民红红火火的日子，是新中国不断提升的综合国力。中国红渗进百姓生活，从朱门红墙到红木箱柜，从张灯结彩的绸布到本命年的腰带佩饰，从孩子的贴身肚兜到深闺女儿的红头绳，从医院符号的红"＋"字到红十字会、红丝带运动，从一颗红心到面色红润……中国红与生命、健康结下不解之缘。

招商线索

中国红代表着平安、喜庆、福禄、康寿、健康、生命力，意味着百事顺遂、驱病除灾、逢凶化吉、弃恶扬善……从2013年的第一个月份开始，规划好你的养生大计。春节期间，嗨翻全场，更要HOLD住健康！

相关部室：医疗部

第九部分
一个吉祥如意的符号叫中国结

文化解析

中国结，它身上所显示的情致与智慧正是中华古老文明中的一个侧面，是由旧石器时代的缝衣打结，推展至汉朝的仪礼记事，再演变成今日的装饰手艺。周朝人随身佩戴的玉常以中国结为装饰，而战国时代铜器上也有中国结的图案，延续至清朝中国结真正成为流传于民间的艺术。当代多被当成室内装饰、亲友间的馈赠礼物及个人的随身饰物。因其外观对称精致，可以代表中华民族悠久的历史，符合中国传统装饰的习俗和审美观念，故命名为中国结。中国结不仅造型优美、色彩多样，同时作品的命名，如"吉庆有余"、"福寿双全"、"双喜临门"、"吉祥如意"、"一路顺风"等都代表热烈浓郁的美好祝福，是传达衷心至诚祈求和心愿的佳作。

第十部分
一份民族凝练的情愫叫中国情

文化解析

为何40天的春运里会有30亿人次的大流动？

为何一台央视春晚能吸引亿万眼球的关注？

为何有钱没钱，挤破了头也要回家过年？

……

回家过年是中国人特有的情愫。对回家过年的重视和尊重，如同对历史、对传统、对文化的尊重与认同，这种情愫铭刻在每个中国人心里，流淌在每个中国人的血液里。

春节是中国人一年中最重要的节日。勤劳朴实的中国人给春节赋予了悠长、深厚的情结。首先，它是团圆节。春节一到，无论身在何处，无论冰霜雪雨，都无法阻挡游子与家人团圆的步伐。所以，每逢春节，最繁忙最拥挤的地方总是车站、机场。挤挤挨挨、人头攒动，把所有用于形容人多拥挤的词儿用在一处来形容都不为过。看上去拥挤不堪的场面，体现着中国人心中最为质朴的情感，那就是早日与家人团聚的拳拳之心。其次，它是迎春之节。春节古时叫"元旦"，"元"者始也，"旦"者晨也，"元旦"即一年的第一个早晨。汉武帝时，司马迁创造了《太初历》，确定了正月为岁首，正月初一为新年。春是四季之首，所以人们便把农历正月初一定为春节。"春季里来百花开"，春季是一年中最美丽的季节，因此，人们欢度春节也寄托了迎接美好及希望的情结。春节期间，红梅飘香，至爱亲朋，同事战友，你来我往，相互祝福，也蕴存着有福不独享、大家共欢乐的人间真情，可谓把美好与希望播撒人间的"博爱"也。

贰

重大节日是策划"富矿"，只要深度挖掘、锐意创新，同样可以出新出彩。

案　　例：新中国成立60周年特刊

出刊时间：2009年10月1日

核心策略：九大专题成就文化大礼，五大特色彰显成功策划，四个改变体现锐意创新，三大特点凸显采编水平

创 新 点：一份文化大礼、一次可贵探索、一次系统盘点

国庆特刊《向祖国汇报》策划案

一部辉煌60年的十堰文本

□刘经华　魏欣

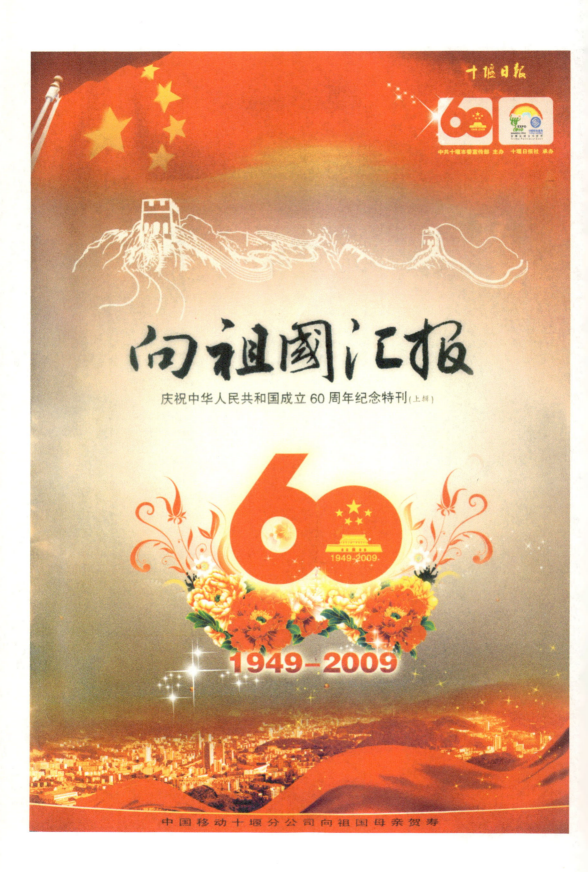

纪念新中国成立60周年，是2009年新闻宣传工作的一个重点、一件大事。党报的纪念性节日报道如何把握这一宏大题材和重大主题，做到报道既在内容、形式上有与之相称的"重"和"大"，又能体现"见证历史，影响现实"的新闻特质，确实是一件难事。

为向新中国60华诞献上一份厚礼，我们超前部署、精心谋划、连续奋战、夺取全胜，成就了一部辉煌60年的十堰文本《向祖国汇报》。

业内外人士称，《向祖国汇报》是一次富有时代意义的十堰系统盘点，是向新中国60华诞献上的一份文化厚礼，是一次彰显媒体品质的可贵探索，不愧为今年市州党报宣传报道的一个亮点、一个大手笔。

九大专题成就文化大礼

《向祖国汇报》特刊以文献史料、成就展示的珍藏版定位，分上下两辑，共256个版（4开），分红色热土、十堰名片、革命老区行、数字十堰、影像记忆、十堰群英、标志事件、标志建筑、发展成就九大专题，刊发文字稿近200篇、照片近千幅、图表18个。

红色热土：作为特刊开篇，以"红色热土，丰碑永存"为主题，用简洁干练的文字介绍了新中国成立前，中国共产党人在十堰建立革命根据地、组建苏维埃政府、与敌人浴血奋战等23件具有代表性的红色事件，并配发特制地图标示各事件的发生地，使读者一目了然地了解60年前十堰红色事件发生的地点。同时，以"一座城市的传奇与辉煌"为主题，配发七幅精美图片，生动再现十堰这片热土60年来发生的巨大变化和取得的辉煌成就。

十堰名片：用3篇内涵厚重的文章及22幅大气美观的图片，准确反映了武当"仙山灵动贯古今"、水都"大江北去寄深情"、车城"东风浩荡写豪情"的十堰特色。

革命老区行：以"追寻革命历史血脉的寻根之旅，拜谒革命圣士的信念之旅，探索革命老区巨变的发现之旅"为报道主旨，用凝练的文字及51幅不同时期的精美图片，详细介绍革命老区丹江口、房县、郧县等县市区60年来建设、发展、壮大的历程。

数字十堰：用17幅精制的动漫图表生动醒目再现60年来十堰工业、农业、商贸、交通、城乡居民生活等发生的变化，动感数字演绎十堰发展的辉煌。

影像记忆：用28组今昔图片定格十堰发展的精彩，反映十堰的沧桑巨变。通过今昔图片鲜明的对比，使十堰今昔面貌的巨大改变、城乡居民生产生活环境的全面改善等鲜活地展现在人们面前。

十堰群英：用简洁的文字及图片介绍60年来十堰这块热土上涌现的50位感动时代、感动生活的楷模。

标志事件：列出了敲击十堰人心灵、影响十堰人生活、推动十堰发展的60件标志性事件，诸如反映历史烙印的"浴血奋战，红军开辟鄂西北苏区"、讴歌今天辉煌的"两次辉煌，东风军车展风采"、展望美好明天的"志存高远，建设区域性中心城市"等。

标志建筑：用67幅精美图片，配以简单的文字说明，把十堰城市建设的一张张名片展现给读者，生动再现十堰玉宇棋布的美轮美奂。

发展成就：用120多篇文章及八九百幅图片，详细总结、展示十堰各行各业60年来取得的巨大成就。

五大特色彰显成功策划

《礼记·中庸》说："凡事预则立，不预则废。"《向祖国汇报》特刊的闪亮面市，得益于编辑部领导的高度重视、精心谋划，得益于良好的采编组织制度、策划方式、报道定位，得益于有效的采编力量整合、精干的采编专班等。这次大型节庆报道彰显了现代风格，达到了"有特色、高水平"的要求。

一、组织制度有特色

为搞好这次大型成就报道，《十堰日报》成立了特刊出版领导小组，下设文字统筹组、图片统筹组、专题统筹组、视觉统筹组、版式统筹组。针对不同分工，制订了"计划到日、任务到人、稿件到版"的详细方案，确保特刊如期出版。日报记者、编辑共27人全程参与特刊出版工作，人数创日报历来重大宣传报道战役之最；其次，部室整合力度空前——本次报道打破部室界限，人员、资源整合力度空前。要闻部、专刊部、摄影部、记者部、通联部、总编办等部室相关人员及总编辑、编委互相配合，通力协作，形成了空前合力。

二、报道定位有特色

特刊在报道十堰"六十年沧桑巨变，六十年春秋洗礼，六十年寒暑砥砺，六十年春华秋实"这一主题时，抓住"文献史料、成就展示珍藏版"的定位，紧扣纸媒特色，做出了党报特色。一方面紧扣纸媒特色。面对电视直播和网络信息快捷海量的现实，《十堰日报》不是简单地作信息综述，而是着重抓独家视角、抓深度分析、抓精彩瞬间，在报道中抓故事、重命运、盯转折、见精神。如"一座城市的传奇与辉煌"用独家视觉报道了十堰60年的发展变化。"十堰名片"一组报道通过深度分析准确展现了十堰三大特色——仙山、水都、车城。"影像记忆"通过精彩瞬间的对比，鲜活地再现了十堰发生的巨大变化。另一方面彰显党报特色。特刊从内容到版面都体现了党报准确、庄重、大方的特点，全面反映了十堰60年来经济、政治、社会、文化建设及变化。如"革命老区行"一组10篇报道，全面再现了十堰10个县市区在党委政府领导下，60年来取得的巨大成就。"标志事件"一组60篇报道，全方位再现了新中国成立前后，十堰市发生的具有里程碑意义的重大事件。

三、内容策划有特色

相同的主题、相似的题材，如何做出新意、做出特色、做出影响？大胆创新，变换视角，内容出彩。《十堰日报》将特刊分为红色热土、十堰名片、革命老区行、数字十堰、影像记忆、十堰群英、标志事件、标志建筑、发展成就九大部分，做到宏大主题小型化、贴近化表达。比如"革命老区行"专题，以县市区为单元，对10个县市区60年来的发展变化分别进行报道；"发展成就"专题，以市、县职能部门为单元进行成就报道；"影像记忆"专题，以百姓生产生活细节为单元，选取28组近百张新（彩色）、老（黑白）照片对比报道，使新中国成立60年来基层的巨大变化跃然纸上，收到事半功倍的宣传效果。

四、多方合作有特色

总结60年的成就，跨度时间长，涉及部门多、行业多，要搞好这次大型报道，必须有"众人拾柴"的氛围与力量。在有效整合编辑部力量的基础上，《十堰日报》大量调动社会力量参与策划、采写与资料收集。在特刊出版前后，得到了十堰市党史办、地方志办、统计局、档案馆、图书馆、博物馆及10个县市区宣传部的大力支持，有近60位社会人士参与收集资料、撰写稿件。正是有效调动了社会资源参与特刊的出版，才使特刊反映的60年来十堰建设、发展等方面的内容达到了全面、准确、完整、系统、权威之要求。

五、版面设计有特色

版面设计的特色主要体现在两方面：①独特的色彩语言。特刊所有版面以古铜色为基色调，即报眉用较浓的古铜色，文章区铺陈清淡古铜色底纹，版面框线用红黑色、古铜色搭配，整个特刊古色古香，别具一格。②大量使用大幅精美的彩色图片、图表，使版面色彩语言进一步丰富，折射出特刊的现代气息。古色古香与现代气息相互渗透，表现出特刊的厚重，让读者穿梭于过去和现在，抚今追昔感慨万千，继往开来顿生豪情。同时，选用稳重的版面模块。大部分版的文章标题用大黑体，体现出选题的厚实与重大；文字与图片排列采用五栏竖列式，表现出版面清劲修长、严肃冷静。

四个改变体现锐意创新

一是改变"见物不见人"的传统成就报道模式，精选一批改革人物作为"时代标本"，通过他们再现时代风云。十堰这片土地，不乏荡气回肠的英才，是诞生群英的沃土。特刊结合十堰市开展的"十堰群英——新中国成立60周年为十堰建设和发展作出突出贡献的代表人物"活动，通过对50名"十堰群英"作粗线条的报道，再现了十堰不平凡的60年，浓缩了360万十堰人为建设现代化的城市所作的努力。

二是改变"面面俱到"的传统报道操作模式，精选有代表性的人物和事件，通过对标本的深度解剖，再现60年峥嵘岁月。特刊精选十堰解放前及解放后的60件标志性事件，展现十堰发展脉搏，反映十堰沧桑巨变，使读者有效准确地了解十堰的昨天，认识十堰的今天，展望十堰的明天。再如，特刊通过"十堰名片"为专题的3篇报道，使十堰"仙山、秀水、车城"的三大特色完美再现。

三是改变"假大空"的深度报道模式，精选报道的切入角度，增强报道亲和力。这一改变在"影像记忆"专题表现得最为突出，该专题从人们生产生活的细小变化入手选材，达到了"小选题大题材"的效果，实现了"贴近生活、贴近实际、贴近群众"的要求。如"石磨、碓窝、电动机"反映了粮食加工工具的变化，"摇把子、程控电话、手机"反映了通讯工具的变化，"农业机械替代镰刀木犁"反映了生产工具的进化等，其亲和力不言而喻。

四是改变"千报一貌"的以文字报道为主的表现样式，大量运用图片、图表，增强报道个性。如"数字十堰"、"影像记忆"、"标志建筑"专题，通过运用大量图片、图表，形象再现了十堰60年的巨大变化及辉煌成就，尤其是"标志建筑"专题的策划，在成就报道中可谓别具一格。

三大特点凸显采编水平

标题精练、亮眼、有文采。如，八个字的标题：动感数字，演绎精彩；沧桑巨变，定格精彩。再如"十堰名片"专题的标题统一为九个字——水都：大江北去寄深情，武当：仙山灵动贯古今。"革命老区行"专题的标题统一为七个字，且均带"新"字——调水源头启新程，对接发展谋新篇，扶贫攻坚换新颜，老区处处呈新绿等。

图片幅面大、数量多、处理巧。一是图片种类丰富、数量多：视觉元素丰富，在大型报道中图片数量首次超过文字稿数量。二是图片幅面大、冲击力强，成为版面视觉中心。三是图片处理巧妙，使用得当，意味深长，冲击力强。

版式大气、清新、有现代感。一是突出设计感：在大型战役性报道中，首次引入美术编辑进行视觉设计。二是强化整体感：许多版面均以通版大照片为背景，大气磅礴、一气呵成。三是充满现代感：版面形态更有活力，图文混排、厚题薄文、适度留白等多种编辑手段的运用，使版面颇具现代风格。

后　记

《向祖国汇报》是一份内涵深厚的文化厚礼，《向祖国汇报》成了十堰党政部门及干部、企事业单位及员工、广大市民抢手的珍藏精品。《向祖国汇报》面市后，市委、市政府领导给予高度评价，业内专家称该特刊在国内市州报纪念新中国成立60周年报道中首屈一指；郧县刘洞镇等地将其作为中小学的地方教材；十堰档案馆、图书馆、博物馆等部门争相收藏；许多部门打电话要求订购。

叁

《道和天下》的成功运作，既是一次彰显媒体品质的可贵探索，也是地市级报纸推进战略转型的重要尝试。

案　　例：2010年第四届世界传统武术节特刊
实施时间：2010年9月—10月22日
实施范围：湖北十堰及周边省市
核心策略：道和武当
创 新 点：新闻与广告、历史与美学、服务与特色共融

第四届世界传统武术节特刊策划案

道和天下

□陈洁　黄小彦

特刊2010年第4号

道和天下

第四届世界传统武术节
第九届武当国际旅游节
特刊

四特酒
SITIR
产自古法白酒原生地

四特酒热烈祝贺第四届世界传统武术节成功举办

封面

策划主旨

以太极八卦为主线，分乾、兑、离、震、巽、坎、艮、坤八个部分，对应八种自然现象：天、泽、火、雷、风、水、山、地，将房产、医疗、商业、通讯、金融、旅游等行业尽收其中，达到新闻与广告、历史与美学、服务与特色的共融，使每一版块既相对独立又互为一体。

另外，为了使每章节有"动"有"静"，和太极八卦的"动静有度"相统一，将每版块的亮点冠以"十堰印象"进行高度提炼。这些十堰印象包括："一座城市的光荣与梦想"、"一场盛会的绽放与灵光"、"一座名山的探寻与解读"、"一方水土的追溯与品味"、"一部调水的壮歌与史诗"、"一项产业的崛起与壮大"、"一方民生的滋养与眷顾"、"一张名片的打造与凝思"、"一介品牌的成长与见证"、"一个市场的觉醒与破题"。

小封面-乾

第一单元：乾

释义

乾一天——会武当·和天下

乾为天卦象，阳刚，刚健，乾六爻皆盈滴，故肥园、亨通、成功、重大。象征着武当国际武术节立足武当招纳八方武者，放眼四海弘扬道家文化。

新闻线索

第四届武当武术节会务指南，武术节情况介绍（门派介绍等）。

第一篇：天之骄[一座城市的光荣与梦想]

着重介绍十堰的历史渊源、发展及区域性中心城市的构建。

第二篇：天之和[一场盛会的绽放与灵光]

刊登武术节节目单及会务电话、武术节明星、武术节亮点。

第三篇：天之锦[一次文化的寻根与反刍]

刊登武术节门派介绍和第一、二、三届武术节回放。

第二单元：艮

释义

艮一山——高山仰止

艮为山卦象，山外有山，山相连。克制、沉稳、大气，止其所欲，重担。象征着以道教仙山武当山为代表的十堰丰富的旅游资源和人文景观。

新闻线索

对武当山、太极湖进行介绍，对武当山相关旅游景点进行推介。

第一篇：山之灵[一座名山的探寻与解读]

问道武当，增加特刊的厚重度，使特刊发散文化的光芒。

第二篇：山之韵[一方水土的追溯与品味]

房县：诗经文化（附景点介绍）

竹山：女娲文化（附景点介绍）

竹溪："三贡"文化（附景点介绍）

丹江口：水都文化（附景点介绍）

郧西：七夕文化（附景点介绍）

郧县：恐龙文化（附景点介绍）

张湾区：汽车文化（附景点介绍）

茅箭区：休闲文化（附景点介绍）

第三单元：坎

释义

坎—水——秀水灵动（新闻版块8个版）

坎为水卦象，水道弯曲，水纳百川。水静藏深流，心诚行有功。象征着十堰的灵川秀水养育一方人，是休闲、养生的圣地。

新闻线索

以水为切口，写丹江口水库、丹江口大坝、南水北调工程、农夫山泉在十堰的发展历程

1 小封面-艮
2 小封面-坎

| 1 | 2 |

等。以"食"堰为线索，介绍颇具十堰特色的小吃特产（丹江口的鱼、房县的木耳、郧县的三合汤等），重点突出地方产品（如茶、酒等）。

第一篇：水之秀[一部调水的壮歌与史诗]

刊登南水北调中线工程中丹江口大坝加高工程、移民工程、河流治理工程、黄姜产业关停并转等。

第二篇：水之歌[一项产业的崛起与壮大]

十堰是水电大市，竹房、郧西等地的水电产业正方兴未艾。

第三篇：水之润[一方民生的滋养与眷顾]

购在十堰：十堰当地特产介绍，如竹山的绿松石、丹江口的鱼、房县的燕耳香菇、郧西的马头羊、武当的剑等。

吃在十堰：十堰知名酒店、农家乐和郧县的三合汤、竹溪的蒸盘、郧西的神仙叶凉粉等。

喝在十堰：竹溪的茶叶、武当的道茶、古牛泉酒等。

玩在十堰：十堰城区景点介绍，各订票公司、客运站、火车站列车时间表（与会务指南相呼应）。

乐在十堰：本土知名酒店、娱乐城、特色农家介绍等。

第四单元：巽

释义

巽—风——清风车影（新闻版块4个版）

巽为风卦象，柔而又柔，前风往而后风复兴，相随不息，柔和如春风，随风而顺。十堰作为汽车城沐浴着改革开放的春风，汽车工业和汽车产业都得到了长足的发展。

新闻线索

十堰汽车工业的发展轨迹，二汽的介绍，东风品牌系列车型推介，十堰车市发展与现状。

第一篇：风之行[一张名片的打造与凝思]

主要写十堰作为汽车城，在汽车工业上的长足发展。

第二篇：风之华[一介品牌的成长与见证]

东风品牌系列车型推介，要求图文并茂。

十堰品牌汽车4S店的发展（含4S店介绍）。

十堰车市的发展。从第一辆私家车的出现到现在的保有量。

第三篇：风之声[一个市场的觉醒与破题]

写十堰车市的发展与现状。多用数字来反映，如十堰现有车辆、销量前十排名等。

写十堰公交及出租车现状，落脚点在解决市民出行难上。

小封面-巽

第五单元：坤

释义

坤—地——地上天宫

坤为地卦象，明柔，地道贤生，厚载万物，运行不息而前进无疆，有顺畅之象。象征着十堰人在这片土地上安居乐业，自强不息，开拓进取。

新闻线索

作为全国十大宜居城市之一，介绍十堰的地理地貌和居住环境等。结合武当的道教居住文化介绍十堰这座园林城市。

第一篇：地之博[一座城市的赐予与拥有]

综述：介绍十堰自然环境、人文环境以及道教文化对十堰民风民俗的影响，穿插十堰近年来获得的十几项荣誉（如宜居城市、最安全城市列24位、全国城市品牌报告全国宜居城市十堰列24位等）。

第二篇：地之健[一个城市的奋斗与不息]

三城联创篇。其中包括卫生城市创建工作。着力表现生活在这片土地上的人们为改善这座城市面貌自强不息的精神。

第三篇：地之杰[一代市民的追梦与渴望]

幸福指数篇。调查十堰住房保障、城市公交、医药卫生体制改革、就业和社会保障、城乡低保和农村五保供养"五大民生"工作等问题。着力提高居民幸福指数。

第六单元：震

释义

震—雷——雷霆八方

震为雷卦象，震卦重雷交叠，相与往来，震而动起出。象征着我市的交通、通讯事业正以迅猛之势快速发展。

新闻线索

一个城市的发展离不开交通、通讯事业的发展，结合十堰这两年的交通大建设，如几条路、几条线、几个纵横交通网的强力推进；通讯在十堰的迅猛发展态势，透视城市的未来和走向。

第一篇：雷之行[发展速度]

交通篇。交通枢纽城市、高速路网、十堰高铁等"一、二、三、四、五"工程：建设好武当山机场；建好武当山旅游码头和位于丹江口丹江大坝坝址上游的码头；积极争取郑万铁路过境十堰，抓好十宜（十堰—宜昌）铁路和十三（十堰—三门峡）铁路的前期工作；做好已开工的十房、谷竹、十白、郧十四条高速公路建设；推进能源项目、旅游项目、城市建设项目等五个专项建设。

第二篇：雷之钧[科技力量]

数字十堰，包含网络技术的发展、智慧城市的创建等，此文可将秦楚网的建设涵盖进去。

第七单元：离

释义

离—火——蒸蒸日上

离为火卦象，离明两重，光明绚丽，火性炎上，团结一致，象征着十堰红红火火的商业发展现状。

新闻线索

介绍十堰区域性中心城市建设、十堰大物流的发展、良好投资环境以及外埠商家进入十堰后良性发展的现状（人商、五商、寿康、鑫城、工贸、中商、国美、苏宁及即将进入的中百仓储等）。

第一篇：火之树[火树银花繁荣之景]

综述十堰商业30年发展史，以人民商场发展为脉络，展示商业布局，特别是外来商业业态与本地商业的竞争，透视十堰的商业繁荣之由。

第二篇：火之眼[体现火眼金睛之精准商业思想]

市委、市政府发展商业的思路。将十堰建成鄂豫陕渝物流配送中心的目标，包括高速客运站的建设。

第三篇：火之舞[展示与角逐]

市场篇。人商、五商、寿康、鑫城、工贸、中商、国美、苏宁及即将进入十堰的中百仓储、沃尔玛等大商的商业布局及思想。

1　小封面-坤
2　小封面-震

| 1 | 2 |

1 | 2
1 小封面-离
2 小封面-兑

第八单元：兑

释义

兑—泽——泽被群生

兑为泽卦象，喜悦可见，快乐照临人，善言喜说。象征着我市医疗事业造福苍生，惠泽全民。

新闻线索

武当道教养生文化、道医文化，介绍我市医疗卫生事业的发展情况。

第一篇：泽之源

水，人类生命的源泉；医疗卫生事业，百姓健康的源泉。有了医疗卫生事业的蓬勃发展，才能解百姓于水火之中，百姓生活才能如鱼得水，枯木逢春，安居乐业。

（1）成济苍生：以著名医院发展轨迹为主线。

（2）大医精诚：回忆录为主线的新旧对比。

（3）技拔荆楚：介绍国内领先及特别突出的成就。

第二篇：泽之善

"好雨知时节，当春乃发生。随风潜入夜，润物细无声。"千百年来，人类正是因为有水的无声的滋润，得以世代繁衍。水滋润万物，正如医疗滋润民生。医疗是社会公共资源的重要组成部分，其发展程度影响人们生活质量。

新闻线索

十堰本地2个国家级、28个省级重点专科。

第三篇：泽之利

泽，剑首。《礼记·少仪》曰："为露，为润，为水。"医疗品牌的积淀同样如此，无论坦途也好，坎坷也罢，都需要用"锋利无比的勇气"、用勇于开拓的作风、用"力拔山兮"的无穷力量泽被苍生。

新闻线索

十堰医疗机构不断进取，敢为人先，夺得一系列全国第一：如太和医院干细胞移植、心血管介入技术、心脏搭桥技术等；市人民医院试管婴儿、癫痫治疗等；东风总医院器官移植、大外科微创技术、急救系统等。

第四篇：泽之柔

水，无色，无味，无形。水，能容忍污浊，又能洁净万物。水之软柔、温柔，才呵护了地球绿色植物的生命，哺育了灵性动物的生命。见证水之流淌，正如见证医护人员爱的流淌，能让人们看到生命生生不息的延续。

新闻线索

十堰医疗行业在服务上苦下功夫，医疗服务水平又上新高。如太和医院的彩虹服务、绿色生命链、特需门诊；市人民医院的星级护理、军人健康家园、知音健康管理等。

第五篇：泽之恩

"上善若水，水善利万物而不争。"上善若水，是哲学大师老子在《道德经》中对人生的诠释和对生活的态度，也正是行医者平和心态静如水、正直为人明如水、淡泊名利清如水、面对坎坷韧如水的写照。

新闻线索

展示我市各医疗机构的爱心公益活动。如太和医院的先心病患儿救治工程，市人民医院医疗扶贫惠民爱心工程、青年志愿者CPR救护队，市妇幼保健院的妇女健康行动，中医药"三进"惠民服务，红十字医院惠民工程等。

第六篇：泽之行

盂方水方，盛水的器皿是什么形状，水也成为什么形状。水，随容器形状改变，又不失本色；水，顺势而行，又有自己的方向；水，往低处走，以低姿态、低调的方式存于世；水，平静，又有无穷的力量。医疗市场就是一个容器，各级各类医疗机构的发展走向各具特色。

新闻线索

十堰市医疗市场的丰富性、医疗模式的多样性已渐成气候。其中民营医院可塑性好，任何环境都能适应。如水一般把自己放在很低的位置，正是它的存在哲学和发展智慧。如和协医院的平价路线，博爱医院的诚信为本，友好医院的精益求精，乾慷医院的品牌经营，民生医院的精品妇科等。

肆

哥做的不是广告，而是营销！
哥吆喝的不是车，而是创意！

案　　例：新思域上市推广策划
实施时间：2011年10月
核心策略：策划者寻车的卖点，消费者寻车的看点。
创 新 点：把卖点转化为关注点，转化为赢利点，转
　　　　　化为撬动市场的支点。

新思域上市推广策划案

寻车记

□ 欧阳龙

寻车有苹果

东方有佳骑，君子多寻觅。寻，一种人生。

根据以上寻车线索，如果你知道这是哪款车，请立刻拨打热线电话，

好礼一：**iphone4（1台）**　　好礼二：**ipad2（2台）**　　好礼三：**ipo**

寻车电话：**0719-8217111**

　　不管是坐在家里还是外出，广告信息无所不在。广告泛滥，让消费者对广告产生一种本能的抵触。如何从众多广告中突围，让广告吸引眼球？广告创意显得越来越重要。汽车广告是广告业里要求比较高的，品牌越大，广告的质量越高，广告的成功与否很大程度上决定着这个车型在市场上的表现。

寻车记 系列一

- 他系出名门，是一位来自东风合资品牌的都市精英。
- 自1972年第一代诞生至今，已历8代传承，经40载的岁月历练，已赢得全球160多个国家和地区，2000多万车主的一致认可。每一代都凝聚着智慧的结晶，每一代都是对上一代的超越。
- 2006年，第八代正式进入中国，以流线的外观、高动力与低油耗等先进魅力，走进无数车主的心中。如今，第九代凝聚诸多领先时代的先进科技，为您呈现极具未来感和科技感的魅力之作。
- 因为其高性价比多次获得北美、欧洲、日本市场"年度车"的美誉。
- 他一直是家族单品的全球销售冠军，创下大陆地区45万保有客户的销售奇迹。

取苹果系列好礼：

　　2011年10月，新思域上市。受经销商委托，十堰日报传媒集团广告经营总公司汽车部承接了这一车型在十堰地区的上市推广策划。接下来，就是为期一个多月的"思考者"之路。现在回想整个策划诞生的过程，有艰辛、有满足，更有一种成就感。

分析，是策划的基石

中级车市场历来是整个汽车细分市场中竞争最激烈的，车企中有着"得中级车市场得天下"的信条。而就单个车型产品来说，并没有特别的优劣之分，价格成为影响消费者选择的最大因素。

作为东风本田的主力车型，思域拥有很多"历史光环"：她是东风本田的单品销售冠军，在国内创造了上市45万辆的销售奇迹；她以动力、经济、行驶、环保的卓越性能闻名，外观时尚。但是与竞争对手相比，价格并不具备明显的优势。

于是，如何突出车本身的性能，凸显这款车的性价比就成了策划的重点。与销售人员一道，在对比了主要竞争对手之后，我们总结了17个卖点。

（1）她系出名门。

（2）从1973年开始，38年间，她经历了8次改造。

（3）她以动力、经济、行驶、环保的卓越性能闻名。

（4）她拥有硬朗的前脸、流线的车身、动感的外形。

（5）1.8L i-VTEC发动机，使用寿命长，故障率低。

（6）增加全新雪珀银和炫光蓝两色时尚外衣。

（7）她曾是本田单品的销售冠军。

（8）方向盘集成控制，一键多能，简化繁琐操作。

（9）全系标配侧安全气囊，安全性大幅提升。

（10）多次获得美国环境保护局燃油测试第一名。

（11）采用米其林、固特异、横滨的轮胎，品质更有保证。

（12）全息座舱设计，按钮触手可及，体验置身飞机驾驶舱内的感觉。

（13）同级车独有的ECON智能化绿色节能辅助系统，提高燃油经济性。

（14）AUX音频/USB接口，连接手机、USB、MP3、ipod等外接娱乐设备。

（15）她曾创下大陆地区45万保有客户的销售奇迹。

（16）三角窗面积增大，视野更好，安全性能佳。

（17）仪表盘采用环保专利新材料，2种花纹组合在不同环境下会发生变化。

收获，让策划体现价值

卖点即关注点，卖点即赢利点，卖点即撬动市场的支点。要让消费者"眼前一亮"，就要给出一个深刻关注广告的理由。经过多番思考后，我们确定了设置悬念、有奖互动的宣传方式。

在广告中，我们将上面的17个卖点，按照历史、外观、操控、内饰、安全、动力、科技等分为7大类，设计成7个系列广告，这7个系列广告基本上涵盖了这款车的各个方面。而有奖竞猜的方式，让每一个卖点成为一条线索，让大家通过这些线索猜即将上市的车型的名称。这样一来，卖点对每一个参与者来说成为极有价值的信息。把卖点转化为焦点，既给了消费者关注的理由，也能加深其对卖点的印象。

在广告设计上，我们力争将整个画面的创意与主题完全契合。于是，我们以骏马来象征历史，以梅花来象征外观，以击剑象征操控，以盾牌象征安全，以宝盒象征科技……而整体画面以水墨画的风格来呈现，与绝大多数汽车广告的设计风格区别开来，并且通过这种风格来提升车的品位和档次。

创意，让卖点成为焦点

有了好的策划思路，还必须能很好地执行。因此，在细节上，我们力求完美。

首先，在活动的奖品设置上，我们也花了一番心思，必须要挑选出能让参与者"眼热"的奖品。当时正逢乔布斯去世，在缅怀这位"苹果"之父的潮流中，苹果产品更是大卖。于是，我们将一等奖设为iphone，二等奖设为ipad，三等奖设为ipod，通过奖品进一步提升关注度。

其次，除了广告本身，在活动的其他方面，我们也作了细致安排。整个互动活动中，我们要求工作人员的服务必须细致、周到，而且态度能让参与者完全满意。有专人接听电话并负责记录，电话接听时间不得超过响三声，接线员必须完整记录下对方的姓名、联系方式和职业，是否具有看车、购车意向，同时邀请对方参加即将举行的新车上市仪式，建立起后期意向客户的储备。

细节，让策划更完美

广告登出来的第一天，我们接到81个来电；7个系列广告做下来，全部来电达到387个。从来电里，我们直接筛选出意向客户110多个。这些数字，均创造了汽车行业广告效果最大化的记录。

更能体现价值的是，在两个星期后的新车发布仪式上，展厅人满为患。发布仪式结束，订车量达到54台。成功策划，带来了最直接的效益。

纵观整个策划活动，我们抓住了两个"点"，一个是"卖点"，一个是"亮点"。也正是这两个点，为"寻车记"策划奠定了成功的基石。

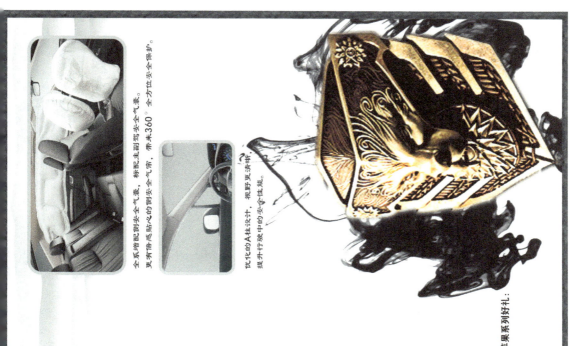

全系增配侧安全气囊、标配主副驾安全气囊、更有贴心的膝部安全气帘，带来360°全方位安全保护。

优化的A柱设计，提升行驶中的安全性能，视野更清晰。

寻车记 系列四

寻车线索

- 采用VSA、TCS车辆稳定辅助系统、牵引力控制系统等先进技术，全系标配侧安全气囊，安全性大幅提升。
- 采用同级别车唯一前麦弗逊独立悬架、后多连杆式独立悬架，不仅有完美的舒适性，也有更好的操控性。
- 采用本田独有G-CON安全车身结构，高强度刚性材料所占比重是整车的55%，三角窗面积增大，视野更好，安全性能佳。

寻车有苹果

东方有佳狮、老子多寻觅。寻，一种寻思。

根据以上寻车线索，如果你知道这是哪款车，请立刻拨打热线电话，就有机会抽取苹果系列好礼：

好礼一：iphone4（1台） 好礼二：ipad2（2台） 好礼三：ipod（5台）

寻车电话：0719-8217111

寻车记

系列五

- 方向盘集成控制，一键多能，简化系统操作。
- I-MID多功能信息显示系统，智能钥匙一键启动，可视倒车影像，更加人性化高科技的设计。
- 三年或十万公里保修，同级别车更长的保养价格更实惠，后期节省用车成本。

寻车线索

集成本机蓝牙功能，与方向盘控制按钮快捷相连，在屏幕上清晰显示来电信息。

6.5英寸宽屏手写输入高分辨率导航仪（NAVI），实时显示线路全局状况，让你行之路尽在掌控。

智能化多功能仪表显示系统，实时显示行车信息。

可视化倒车系统与智能与多功能仪表显示系统快捷相连，清晰显示，为驾驶带来多安全保证，并无后顾之忧。
倒车时，请注意观察车辆后方情况。

寻车有苹果

东方不败时，若子多寻见。寻，一种态度。

根据以上寻车线索，如果知道这是哪款车，请立刻拨打热线电话，就有机会抽取苹果系列好礼：

好礼一：iphone4（1台） 好礼二：ipad2（2台） 好礼三：ipod（5台）

寻车电话：0719-8217111

　　将新闻受众的阅读需求和市场推介通过"四大名著"融为一体，可谓造化之妙，存乎一念。

案　　例：健康消费大全
实施时间：2011年5月1日
实施范围：十堰市及周边县市区
核心策略：健康老话题，名著新概念
创 新 点：四大名著和健康的完美结合

《健康消费大全·四大名著》策划案

求新，匠心独运

□ 陈文　李毅

策划背景

每年的五一假期，是商家必争的时间节点。作为十堰日报传媒集团广告经营总公司每年必推的传统项目，《健康消费大全》如何在商家、消费者、媒体之间找到结合点，改变不温不火的宣传、平平淡淡的创意，在内容、形式、格局上创新，提起读者的兴趣？这一点引起医疗部策划者的思考。

纵览往年的《健康消费大全》，多是医院专家值班表、经典小手术专场、药房优惠信息等，总是想方设法把读者往医院、药房里拉，传统模式早已让读者审美疲劳。一场求新、匠心独运的医疗策划势在必行！

2011年的五一消费大全，医疗部在广告中心《七天大胜》的整体方案基础之上推出《健康四大名著》，将创意点放在提倡健康生活理念，从度假方式上区分读者群，为读者呈现有针对性的保健方略，让读者根据自身情况自由选择。同时，特刊版式精美，实现了视觉与内容上的双重创新。

策划思路

《健康四大名著》为古老文学注入新解——

"红楼梦篇"针对宅男、宅女们节日期间生活不规律、消化不良、脂肪堆积、妇科疾病等健康困扰，揭示一饮一食皆学问、健康养生亦文章之真谛。此版块由红楼养生文化、女性文化引发开来，植入太和医院消化内科、东风总医院妇科、中医院中医科。

"西游记篇"针对不便出门旅行的孕妈妈、临产妈妈、新妈妈们关注的产检、分娩、育儿等问题，由孙悟空的火眼金睛、七十二变引发开来，植入妇幼保健院超声科、麻醉科、儿童保健科。

"水浒传篇"针对五一期间忙于聚会导致的烟酒过度、暴饮暴食、颈肩腰腿痛、风湿等问题，由梁山好汉的酒文化、侠义文化、武术文化引发开来，植入太和医院肝病中心、人民医院风湿科、红十字医院康复科。

"三国演义篇"针对外出旅游不免外伤刮碰、平日过于劳心者存在心理亚健康等问题，由三国中的战争文化、攻心文化引发开来，植入太和医院急诊科、东风总医院肝胆外科、人民医院精神科。

第一部分

《红楼梦》：一饮一食皆学问，健康养生亦文章

她，心性高强，画梁春尽落香尘，曹先生疼惜地端出老太太也爱吃的枣泥山药糕。

她，爱使小性儿，行动如弱柳扶风，曹先生爱怜地递上一碗冰糖燕窝粥。

她，藏愚守拙，山中高士晶莹雪，却带着"从娘胎里带来的热毒"，曹先生挂念派癞头和尚送了个"海上仙方儿"——冷香丸……

《红楼梦》

孰不知满纸荒唐言
尽道是中医养生味

很多人说《红楼梦》是古今第一奇书，它的神奇之处贵在他百科全书式的内涵上。仅从医学角度看，曹雪芹所谓的这"满纸荒唐言"字里行间蕴含着博大精深的中医与养生文化。

《红楼梦》描写了大量的医学活动，据统计，这本书中涉及的医药卫生知识共计290多处，使用的医学术语161条，描写的病例114种，一部小说中，包含如此丰富的医药知识，这在中外文学史上是绝无仅有的。

除了药物，中医传统的疗法，如食疗法，按摩法等都被融于情节中，而这本红楼梦中所涉及的中医养生之道，有些仍是现代人可借鉴的有效方法。本篇章，我们将引领大家一起走入红楼梦的中医养生世界。

【以食养生】　【以茶养生】
【饮酒养生】　【节令养生】
【多动养生】

她们均出自"金陵十二钗"，幸得食疗专家曹雪芹先生博学多才，问诊开方，恁是叫人大开眼界。把《红楼梦》篇篇数尽，才发现1/3的文章勾勒的全是美食文化，正是"一饮一食皆学问，健康养生亦文章"。

"是药三分毒，药疗不如食补。"饮食美，人才美。补之有道，健康又养生。我们可以看见可卿的倾国倾城，黛玉的不食人间烟火，宝钗的胜雪肌肤……更应该看到她们的美并非一朝一夕，而在于日常起居饮食的点点滴滴。正所谓"以铜为镜，可以正衣冠；以史为镜，可以知兴替；以人为镜，可以明得失"。大家不妨再登红楼，去探秘其中的养生智慧……

第二部分
《西游记》：一只猴子的成长史……

出生背景：《西游记》第一百回道："他原是东胜神州海东傲来小国花果山水帘洞人氏，因五百年前大闹天宫，被佛祖困压在西番两界山石匣之内……"

教育经历：拜师三星洞菩提老祖，学得七十二变……

社会经历："汝因大闹天宫，吾以其深法力，压在五行山下，幸天灾满足，归于释教，且喜汝隐恶扬善，在途中炼魔降怪有功，全终全始，加升大职正果，汝为斗战胜佛……"从魔幻主义的角度可诠释为一只自然分娩的猴子，学得神艺，师成出师，斩妖除魔，位列仙班。然则用现实主义的看法可引申为一只猴子的成长史，它告诉我们，成长从起点就开始预备。换而言之，如何做准家长？继而如何培养孩子？《西游记》会说给我们听，孙悟空会做给我们看，就让我们师从吴承恩去领教这些孕、产、抚、育过程中的苦与乐。

换一种眼光，名著出新解。在这种思路下，《西游记》可以寻觅一个人的自我成长和人格完善史，可以闪火眼金睛让胎儿畸形无处遁形，可以施展神奇医术让自然分娩不再疼痛……

第三部分
《水浒传》：梁山好汉"海吃豪饮"

"大碗喝酒，大块吃肉"，是梁山好汉的生活写照。看过《水浒传》的人都有一个印象，那就是书中不仅描写梁山好汉大吃酒肉的次数多，而且每次的量很大，酒要成瓮地喝，肉要大块地吃。作者如此描写，主要是为了突出好汉们的英雄豪气。无论是武松豪饮十八碗打死老虎，还是成缸喝酒的鲁智深拥有倒拔垂杨柳的力气，海饮豪吃隐含的是勇武和力量。试想一个像林黛玉那样每顿连一两米都吃不完的纤弱之人，怎么能指望她把凶猛的老虎打死？而一次能吃几斤肉的壮汉，自然不会手无缚鸡之力。

同时，"大碗喝酒，大块吃肉"在书中也常被梁山好汉用来作为一种美好生活愿景，向未上山的豪杰推荐展示，以吸引人才。如第十二回王伦劝杨志入伙，以扼制林冲时说："不如只就小寨歇马，大秤分金，大碗吃酒肉，同做好汉。"

虽然"大碗喝酒，大块吃肉"与英雄豪气有关，但以现代的观点来看，实在是一种不良的饮食习惯，会给健康带来很多危害，如肥胖、胃病、肠道疾病、脂肪肝、酒精肝等等。但逢假期，宴请、聚餐的机会增多，暴饮暴食也成为一种"节日综合征"。这里提醒市民，当对梁山好汉的饮食风格引以为戒，节制饮食，适量饮酒，度过一个祥和愉快的假期。

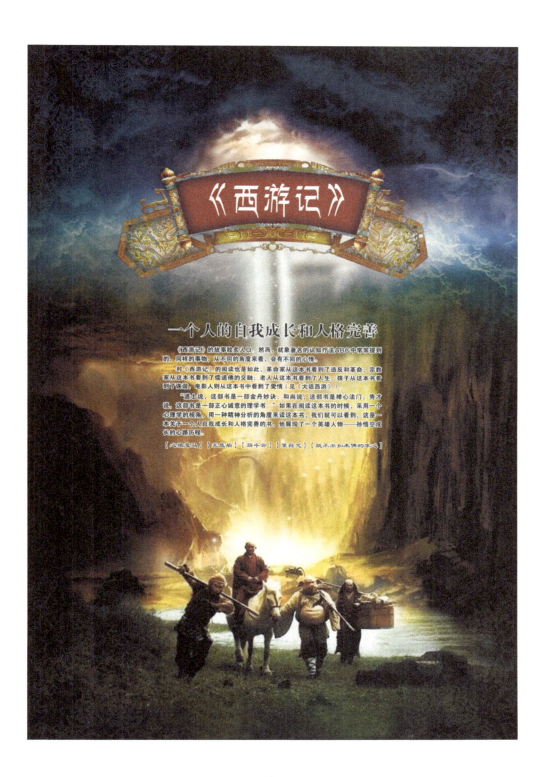

《西游记》

一个人的自我成长和人格完善

《西游记》的故事脍炙人口。然而，就象著名的认知疗法ABC中常常提到的，同样的事物，从不同的角度来看看，会有不同的心情。

对《西游记》的阅读也是如此，革命家从这本书看到了造反和革命；宗教家从这本书看到了儒道佛的交融；老人从这本书看到了人生，孩子从这本书看到了孙悟空，电影人则从这本书中看到了爱情（见《大话西游》）。

"道士说，这部书是一部金丹妙诀；和尚说，这部书是禅心法门；秀才说，这部书是一部正心诚意的理学书。"如果在阅读这本书的时候，采用一个心理学的视角，用一种精神分析的角度来读这本书，我们就可以看到，这是一本关于一个人自我成长和人格完善的书，它展现了一个英雄人物——孙悟空成长的心路历程。

【心猿意马】【无底洞】【路斗云】【紧箍咒】【跳不出如来佛的手心】

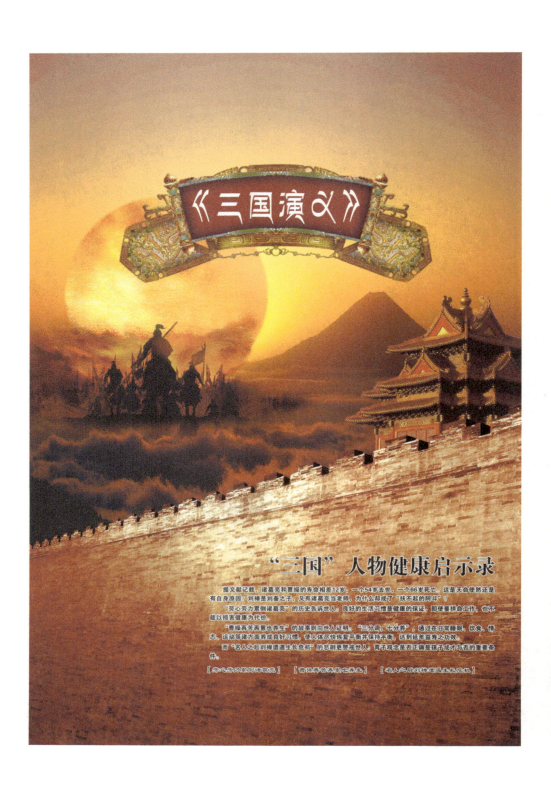

《三国演义》

"三国"人物健康启示录

据文献记载，诸葛亮和曹操的寿命相差12岁，一个54岁去世，一个66岁死亡。这是天命使然还是有自身原因？刘禅是刘备之子，又有诸葛亮当老师，为什么却成了"扶不起的阿斗"？

"劳心劳力累倒诸葛亮"的历史告诉世人：良好的生活习惯是健康的保证，即使要拼命工作，也不能以损害健康为代价。

"曹操再苦再累也养生"的故事则向世人证明："三分调，七分养"，通过在日常睡眠、饮食、情志、运动等诸方面养成良好习惯，使人体尽快恢复平衡并保持平衡，达到延年益寿之功效。

而"名人之后刘禅遭遇生长危机"的悲剧更警戒世人：育子观念是否正确是孩子成才与否的重要条件。

【劳心劳力勿累倒诸葛亮】　【曹操再苦再累也养生】　【名人之后刘禅遭遇生长危机】

第四部分

《三国演义》：三国英雄拔矢啖睛、刮骨疗毒

《三国演义》第十八回"夏侯惇拔矢啖睛"中写道：一箭射去，正中夏侯惇左目。惇大叫一声，急用手拔箭，不想连眼珠拔出，乃大呼曰："父精母血，不可弃也！"遂纳于口内啖之……

第七十五回"关云长刮骨疗毒"，关羽攻打曹仁驻守的樊城时，只披着掩心甲，左臂被曹仁毒箭射中。后来请华佗疗伤……公饮数杯酒毕，一面仍与马良弈棋，伸臂令佗割之。佗取刀在手，令一小校捧一大盆于臂下接血。佗乃下刀，割开皮肉，直至于骨，骨上已青；佗用刀刮骨，悉悉有声。帐上帐下见者，皆掩面失色。公饮酒食肉，谈笑弈棋，全无痛苦之色。

明枪易躲，暗箭难防，征战沙场，意外受伤在所难免。更何况并非人人都能当英雄，都能怡然刮骨，拔矢啖睛。或许我们会感慨，如果你们生在现代，治疗绝不会如此鲁莽。那么，倘若遭遇跌打损伤，我们该如何应急救治？不妨走进现代医馆，了解"巢毁卵破"过去式，"保胆取石"进行时；不妨请教名医，获得良方……

策划亮点

长期以来，广告主是"眼睛"，媒介是"枪"，受众是"靶心"，广告行为就是一次射击，三点一线方可命中目标。那么，如何才叫"三点一线"？有专家指出，广告中的"三点一线"，指的是三个元素都有自己的个性，分析它们的个性，从诸多个性中找到共性，共性就是共同的个性，这个共同的个性，就是那条"一线"。《健康四大名著》这款专门为节日医疗市场量身定制的专刊，将新闻受众的阅读需求、市场推介通过"四大名著"融为一体，从名古著中求新解，可谓"三点一线"击中"靶心"。

可以这么说，在中国元素、古文化越来越成为主流的今天，如何在中国风的吹动下，更好地体现极具时代特色的文化价值，成为广告受众关注的热点。四大名著，是中国的国粹，也是文化的沉积。《健康四大名著》，是一场借势传播、精准传播，其集合本地有效资源，线上线下全方位展开健康生活方式的宣传，实现了性价比的最大化。

同时，文字和视觉包装上，《健康四大名著》借鉴《深圳晚报》、《潇湘晨报》版式，大开大合，精美绝伦，成为不可多得的精品。

效　　果

　　《健康四大名著》将创意点放在提倡健康生活理念，从度假方式上区分读者群，为读者呈现有针对性的保健方略，让读者根据自身情况自由选择。同时，特刊版式精美，实现了视觉与内容上的双重创新。

　　"寓教于乐，可读可用；图文并茂，可圈可点；创新突破，可喜可贺；职业精神，可敬可佩！"十堰日报传媒集团董事长李东晖亲笔题字如是点评《健康四大名著》。《洛阳日报》领导来十堰交流期间，对《健康四大名著》给予高度评价。同时，参与特刊的客户对《健康四大名著》同样给予一致好评。

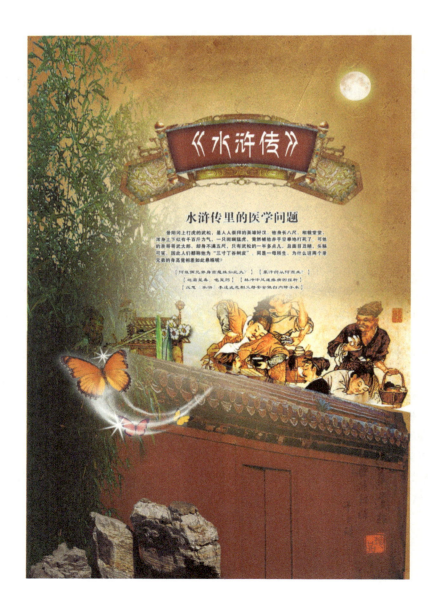

陆

　　十堰市高精尖医学技术成果巡展，以高精尖科技为切入点，以优化医疗服务为落脚点，将"天宫一号"的成功发射与十堰医疗界取得的成果相对应，从核心技术和特色服务两方面向受众推出一个全新的杏林"天宫"。

案　　例：十堰市高精尖医学技术成果巡展
实施时间：2011年10月
实施范围：十堰市及周边县市区
核心策略：杏林"天宫"
创 新 点：将"天宫一号成功发射"的热点事件与
　　　　　医院核心技术成果相对应

《天宫"医"号》特刊策划案

展精尖科技　奔杏林天宫

□ 陈文　李毅

市场背景

2011年9月29日21时16分，全球瞩目的"天宫一号"（Tiangong-1）成功奔向太空。它的成功发射标志着中国顺利迈入航天"三步走"战略的第二步第二阶段。

从"神舟一号"到"天宫一号"，中国仅用12年时间，速度令世界惊诧。也正如一些外国媒体所评价的那样：中国人朝实现全面载人航天飞行能力迈出意义非凡的一步。

科技的进步使中国人征服太空、探寻宇宙的梦想成为可能。因此，科技创新是一个国家不断进步的不竭动力。科技可以改变生活，大到一个国家、小到一家医院，都离不开科技的有力支撑，也只有科技的强盛才能真正使人民获益。

从新中国成立之初全市只有两家区卫生院，到如今仅城区拥有400多家医疗卫生机构；从当初只有普通显微镜、手提式消毒锅等简陋"工具"，到如今拥有动辄上千万元的核磁共振、螺旋CT等高新设备；从以前人们"小病不愿医，大病送外地"，到如今成为区域医疗中心，外地患者纷纷来此求医……60年，一个甲子的轮回，见证了十堰市医疗卫生事业从无到有、从小到大、从弱到强的跨越式发展。十堰——一个服务鄂渝陕豫2 000余万人口的区域医疗卫生中心城正在崛起。

十堰医界之所以取得如此硕果，离不开科技的崛起。核心科技就是生命力！早在2009年，全市卫生系统已拥有博士40人，硕士425人，三级医院基本实现学科带头人硕博化，十堰卫生系统已成为区域人才洼地；拥有1个国家级重点专科、25个省级重点专科和100余个市级重点专科，重点专科数量和质量全省领先。"十一五"期间，全市有66个卫生科研项目获省市科技进步奖；一批顶尖学科和技术项目在全省处于领先水平，业务辐射鄂、渝、陕、豫等周边地区，同时我市还被国家中医药管理局确定为全国11个中医药适宜技术推广运用项目试点单位。

在此背景之下，十堰日报传媒集团广告经营总公司医疗部推出特刊《天宫"医"号》，探寻科技之于医学的奥秘，向读者展示我市医疗领域的核心技术成果，还您一个杏林"天宫"。

主题分解

《天宫"医"号》特刊以高精尖科技为切入点，以优化医疗服务为落脚点，将"天宫一号"成功发射与十堰医疗市场繁荣兴旺相对应，从核心技术和特色服务两个方面解读。

一、核心技术板块

【板块解读】据新华社报道，在与"神州八号"飞船进行交会对接之前，"天宫一号"的天空之旅将经历四重考验。四大关键环节分别是发射入轨、帆板展开、在轨测试、准备对接。于是，特刊分发射入轨篇、帆板展开篇、在轨测试篇、准备对接篇四个章节来梳理我市医疗行业的核心技术成果。

1 2011年11月2日《十堰晚报·健康周刊》B2版
2 2011年11月2日《十堰晚报·健康周刊》B3版

1. 发射入轨篇

【新闻点】发射入轨是"天宫一号"的起点，也是最基本的一步。据专家介绍，在载人航天飞行中，火箭点火、起飞及飞船上升和返回阶段，出现重大故障的可能性比较大。发射"天宫一号"的长征二号FT1运载火箭从外到内焕然一新，进行了170余项技术改进，应用新技术20余项，发射场也进行了100多项技术状态更改，以保证"天宫一号"顺利发射，进入轨道。

【结合点】"发射入轨"只是一个起点，未来将有更大作为。在医院的"腾飞"之路上，许多新技术的诞生、新业务的拓展，都离不开最初的尝试和磨合，比如人才的储备、专家的探索、战略的眼光、创新的氛围。这一部分可以展示一些新近开展的医疗技术和项目。如东风总医院"心脏死亡器官捐献移植"试点、妇幼保健院水中分娩技术、红十字医院精神科等。

2. 帆板展开篇

【新闻点】"天宫一号"发射后2分钟左右，太阳能帆板展开工作启动。此刻，飞行器的帆板将会展开。帆板是飞行器能源的来源，能否正常展开进行发电，是进行后续任务的关键。

【结合点】"帆板展开"是继往开来的关键一步。在医院的"腾飞"之路上，过硬的核心技术是使之立于市场不败之地的核心竞争力。因此，让自身的医疗技术占领医疗领域制高点，是提升自身竞争力的关键。此版块主要介绍各医院比较成熟的核心医疗技术，如太和医院干细胞技术、人民医院试管婴儿技术、癫痫诊治、东风总医院大外科团队、中医院中医治肝病等。

3. 在轨测试篇

【新闻点】从发射上天到与"神舟八号"进行"浪漫一吻","天宫一号"要进行严密的在轨测试,检查各个分系统的功能、状态是否正常,是否能够满足交会对接的需要。因此,技术人员准备了大量、详细的预案,一旦出现问题,将按照预案采取相应措施。

【结合点】"在轨测试"是新一轮爆发前的调试期,看似平静,实则波澜壮阔。在医院的"腾飞"之路上,探索是没有止境的,何况现代医学更新如此之快。任何新技术、新业务都面临着落后被淘汰的结局,因此真正的医者从不一劳永逸。这一部分可介绍一些原本就很出色的专科或技术近期作出了进一步革新,如太和医院儿童中心、东风总医院急救平台、妇幼保健院儿保科分科、中医院精神科新大楼投入使用等。

4. 准备对接篇

【新闻点】为保证交会对接顺利进行,"天宫一号"要降低轨道、调整相位,以达到合适的高度、合适的位置。同时,由于"天宫一号"的对接机构朝向后面,在飞船发射前,"天宫一号"还要调头过来进行"华丽转身",等待飞船"追"过来完成交会对接。

【结合点】"准备对接"是蓄势待发的终极阶段。在医院的"腾飞"之路上,与全市接轨、与全省接轨、与全国接轨、与国际接轨是必然的趋势。这一部分可推介正在向更高层次进军的专科或技术。如太和医院神经外科、手外科、针灸科、康复科入围国家临床重点专科,东风总医院口腔科争创省重点专科,妇幼保健院围产学、儿童生长发育科入围省重点保健专科等。

二、特色服务版块

【版块解读】第二部分落脚到《天宫"医"号》的"号"字,集中展示我市卫生系统的预约挂号平台,推出我市医疗行业的特色服务。

【新闻点】当初"天宫一号"命名时,考虑到"天宫一号"的目标中有"初步建立载人空间实验、平台"一条,即可能成为航天员工作和生活的地方,因此"天宫"也有让航天员在"太空中生活得舒服"这一层含义。

【结合点】开展预约诊疗服务是2011年公立医院改革试点工作的重要内容,已列入2011年卫生目标考核内容。为统一规范和有序地开展推广预约诊疗服务工作,改善医院服务流程,提高医院服务质量,引导患者合理就医,缓解群众"看病难、挂号难"问题,各大医院正在努力中。因此,此版块重点放在各医院特色服务、预约挂号方式等方面。

三、特刊亮点

时机亮点:抓住"天宫一号成功发射"的热点事件,结合本土"打造区域医疗卫生中心城"的热点规划,适时展示十堰医学界核心技术成果。

主流亮点:《十堰日报》、《十堰晚报》、《秦楚网》、《十堰手机报》作为十堰主流媒体,影响力巨大。主流媒体组合炒作推出特刊,将主流大报的影响力全线带入,刊登在特刊上的广告会更具影响力以及说服性。

性价比亮点:本次特刊,规格与晚报相同,采用全彩印刷,设计精美,且整个特刊广告

1 2011年11月2日《十堰晚报·健康周刊》B4版
2 2011年11月2日《十堰晚报·健康周刊》B5版

| 1 | 2 |

均为整版或通版形式，大气端庄，传阅率高，具有收藏价值。封底为资讯版，免费赠送挂号预约信息。

四、悟道结语

"天宫一号"发射成功举世瞩目！作为2011年的热点事件，以此为参照，十堰日报传媒集团广告经营总公司推出特刊《天宫"医"号》，把十堰市医疗行业发展及尖端医疗技术相对应进行了集中展示。《天宫"医"号》通过对"天宫一号"发射程序的解读，结合我市医疗领域的核心技术成果展示，角度新颖，引起了较高的社会关注度。

新闻重新鲜，策划同样离不开新鲜，伴热点、抓热点，高融合、高植入已成为营销策划中高手过招的独门秘笈。

柒

　　"大声说出你的爱"这个策划的独到之处在于：借亲情传播品牌，借亲情走进商家，借亲情和同行产生差异化竞争，借亲情和消费者拉近距离。这几者之间既独立成篇又有千丝万缕的联系，融合起来就会产生非常微妙的反应。

　　需要特别指出的是，"大声说出你的爱"整个策划的实施从单一的纸媒推广发展到站在企业的高度进行全案营销，站在全行业的角度进行错位营销，实现了全媒体运作的目的，是营销方式的一次重大突破。

案　　例：阳光医院里的阳光
实施时间：2011年3—4月
实施范围：十堰市及周边县市区
核心策略：推出十堰首份亲情明信片，"用阳光温
　　　　　暖一座城"推介，写下幸福白皮书
创 新 点：打造活动大平台，彰显纸媒影响力

"阳光温暖一座城"策划案

大声说出你的爱

□ 陈文　徐双

十堰晚报
2011年3月4日 星期五
责任编辑：陈洁　编辑：秦金红　美编：幻敏

3·8特别策划

大声说出你的爱

2011年3月4日《十堰晚报·三八特刊》封面

成熟产品新挑战

【行业趋势】十堰地区的医疗市场是一个成熟的市场，有公立医院和民营医院两个大类的竞争，也有本地3家三甲医院的竞争和本地8家民营医院的竞争。以三甲医院为首的公立医院占据着市场70%的份额，民营医院的主要竞争手段就是低价。

【定位策略】阳光医院是2009年诞生于本地的一家实力较强的民营医院，经过2年的发展和运营，各项软硬实力都已具备。尤其是医院位于本市核心商圈六堰，消费半径人口众多，是新型社区和老社区结合度比较高的一个区域。

【竞争环境】阳光医院的竞争主要来自同级医院，包括同样定位的友好医院。作为一家新兴的民营医院，迫切需要打造亲和力，彰显表现力，急需加强品牌的个性塑造，增进与市民的距离。

具体实施新套路

一、推出十堰首份亲情明信片

这个三月，我们重拾亲情

在日趋商业化的现代都市里，温馨亲情成为一抹亮色。当我们在快节奏的工作中寻觅人生理想时，应该回头看看，身边亲人是否需要我们的关注。

在这草长莺飞的时刻，《十堰晚报》携手阳光医院给你一个机会，给自己身边的亲人一张明信片，送上你的温馨祝福。父母、夫妻、子女、兄弟姐妹……在冬去春来的季节，让我们一起用"亲情"触摸内心深处最柔软的所在，重拾人生中最珍贵的情感。拿起手中的笔，打开本期随报附送的"亲情明信片"，对你的亲人，大声说出你的爱吧。

与此同时，由阳光医院发起的"你的亲情，可以温暖一座城"——大型亲情图文、愿望征集活动，已经开启。双重亲情大奖，让亲情之树健康、长青！

一张小小明信片的力量

三月，乍暖还寒的日子。开空调、喝奶茶、户外游，如果还不够暖的话，不如试试写明信片。给自己，也给爱人、孩子、父母、亲朋好友，或者给那些陌生人。

我们可能早就不把"明信片"放在眼里了。网络那么发达，还有写明信片的必要吗？

很有必要。那些真正感到幸福的人，从来不是贪图简单的人。种花不简单，养鱼不简单，品茶不简单，弹古琴不简单，登山不简单，旅游更不简单——据说有的家庭办家庭报纸一办就是十几年，字字句句都是亲情的交流；有的人环游世界，每到一个城市就买一张明信片，写上一句话寄给最好的朋友。可能只是一句"我爱你"或者是"天空很蓝，阳光很好"。接下来，这张薄薄的明信片将穿越闪亮的铁轨、漫长的海岸线，或者在地球三万英尺的高空旅行，最后抵达某个城市，最后在一个下午，通过一个邮差送到另一个人手里。

这是一段多么不同寻常的旅程啊，它将收集沿途的风光、阳光、花香，就像你亲自骑上自行车，一路吹着口哨，带着最诚挚的爱和问候出现在你亲爱的人面前。想想他们会有什么样的表情，尤其是在这个初春的三月，他们也许来不及披上外套就扑出门来，张开双臂迎接你，甚至高兴地掉下眼泪。你就是那张小小的明信片，或者说那张小小的明信片就是你的化身，还带着体温，带着灵魂。

寄一张明信片给亲人吧，捎上问候，捎上祝福，温暖他们，也温暖自己。

十堰首家亲情医院

你能想象，挽上她的手臂，去"玫瑰大厅"一边打点滴一边欣赏电影。

你能想象，牵着孩子的手，去做个成长体检，还可以在候诊厅泡吧品茶。

你能想象，陪着母亲在VIP住院，还可以一边尽孝，一边在网上处理公事。

……

不一样的亲情与爱，我们都可以在阳光医院的亲情元素里找到。

阳光医院，是十堰首个真正意义上以亲情为主题的医疗中心。它以全新的关爱视角看待就医顾客，打造绿色大厅、粉色妇科、橙色男科，以人文的色彩和优质的环境，呵护您的健康，为您配备专业尽职的"健康助理"，建立您的健康档案、回访您的健康状况、提醒您的诊疗时间、解答您的健康疑问、解决您的保健难题。其VIP病房以星级酒店为模板，装修豪华舒适，配置时尚齐全，24小时冷热水供应，独立卫生间，让您在这里感受到宾馆化的环境和家一般的温暖。

三大亲情体系

亲子乐园：儿童成长体检套餐、微量元素测试、儿童输液架、输液作业板及其他娱乐设

2011年3月4日《十堰晚报·三八特刊》T2版

2011年3月4日《十堰晚报·三八特刊》T4版

施，让孩子不怕上医院。

亲情活动中心：候诊厅、输液厅、休息区、阅报栏、VIP病房、网络输液吧，处处有亲情。

亲情养生系统：小月子专场、婚检、孕检、骨密度测试、中老年人健康体检套餐等特色项目，给亲情一个健康承诺。

活动时间：3月1—30日

活动主题：送一张卡片，就是送一份健康。

活动内容：制作亲情明信片随报发行，或将报广设计成亲情明信片，带邮戳，读者可直接剪下免费邮寄。明信片上印制阳光医院标志、图片、电话等，精致唯美，不让人反感。

活动亮点：为增加明信片的收藏价值，可当作医院代金券或免费体检卡使用。

活动目的：打亲情牌，借亲情明信片将"十堰首家亲情医院"的概念打响。

二、"用阳光温暖一座城"网络推广

推出"温暖地图"，用"阳光"标识标注明信片寄出者与收到者所在区域，具体操作可由收寄双方拍照发来彩信为证，当然也可内部操控，渲染气氛。

共分4个阶段：

第一阶段：2月22—25日，活动预热阶段，突出活动的新意和意义。

（1）普通宣传广告，通过图片和文字介绍活动内容。

（2）互动式参与广告，开设论坛专帖。

互动式广告构思：主要是传递活动信息。互动流程问答："你会将卡片送给谁？网络时代我们还需不需要邮寄卡片？"→10个左右选择题(题目要求容易理解，答案要求唯一性)→做完题目得出你心中最在意的人是谁，你希望他（她）在阳光医院得到什么样的服务？→对应阳光医院的服务(亲子乐园、亲情活动中心、亲情养生系统)→网上介绍→复制地址，发给QQ好友，提醒领取阳光卡。论坛管理员和版主相互配合，同时在论坛中推出阳光医院专帖专区。

第二阶段：2月26—28日，活动引爆阶段。突出活动的亮点，跟进阳光医院特色服务介绍，以软文和论坛为主。通过活动引出阳光医院特色服务以及专家介绍，开通网上问诊通道。

第三阶段：3月1—8日，活动中发掘亮点，展开讨论。在活动过程中，发现和挖掘好看点，有意关注三类领卡者：清纯学生类；个性时尚类；成熟白领类。同时结合20世纪70年代、80年代和90年代的不同生活经历、对卡的关注点，展开话题讨论，扩大活动影响力。重点推出比较有代表性的参与活动的人物，培养阳光粉丝团，采访活动参与者的生活和履历。

第四阶段：3月8—15日，活动总结回顾，论坛继续引导，后期阳光医院体检情况介绍、展示等。

三、"用阳光温暖一座城"活动商业植入方式

为了配合"大声说出你的爱"三八车城首个亲情明信片活动，作为一家有社会责任感的医疗机构，阳光医院特别策划了配套的阳光行动，为这个特别的三八妇女节奉献自己的力量。同时，也让亲情和爱得以继续传递，温暖更多的人。

活动内容：

（1）638元免费体检：凡持有"大声说出你的爱"亲情明信片的人，均可以获得价值638元免费体检一次。

（2）有奖亲情信箱：凡参与活动并于3月8日之前到阳光医院体检的人，均可以在体检结束后将此明信片投入阳光医院特设的亲情信箱，参与抽奖活动。

活动细则

步骤	内容	时间	院方准备
获得明信片	领取亲情明信片，送给亲朋好友或者自己，并妥善保管	3·1-3·8	
明信片换体检表	带上明信片和个人有效证件，前往阳光医院，在导医台换取体检表（每人限换一张体检表）	3·2-3·15	1. 体检套餐 2. 体检表 3. 指示牌 4. 导医人员安排
明信片投入信箱	在导医指引下，将姓名和电话写在明信片的指定位置，投入亲情信箱	3·2-3·15	1. 亲情信箱 2. 导医人员安排
预约体检时间	换取体检表后，可现场（在医院导医台）或电话（0719-8529999）预约体检时间（每天预约人数不超过80人）	3·2-4·29	1. 接线员 2. 预约登记本 3. 现场接受预约的人员安排
现场参加抽奖	接到阳光医院电话通知，于指定时间到医院现场参加抽奖（不到场者视为自动弃权）	3·31	1. 奖品 2. 抽奖现场布置 3. 主持人、公证员 4. 出席领导、颁奖嘉宾 5. 媒体记者 6. 现场保安 7. 电话通知参与抽奖的人员时间和地点

步骤	内容	时间	院方准备
约定时间体检	在约定时间的当天上午，空腹到阳光医院排队体检	3·2-4·30	1. 体检流程 2. 体检医生 3. 体检设备 4. 爱心早餐 5. 体检接待小组
领取体检报告	接到电话后，前往阳光医院领取体检报告，由专家解读体检结果		1. 安排专人电话通知 2. 安排专人录入体检结果 3. 安排专家解读体检报告 4. 安排随访人员
治疗享受优惠	凡体检后在阳光医院治疗者，均可享受优惠		1. 优惠办法 2. 收集典型病例、特困家庭或亲情故事

"用阳光温暖一座城"活动特殊渠道设置

明信片及易拉宝分布方案，阳光医院专属杂志定投方案。

3套推广方案分布点确定在市区核心区域：人民商场六堰超市、人民商场北京路店、人民商场金福祥店、人民商场三堰超市、人民商场顾家岗超市、五堰商场五堰店、中商百货、肯德基张湾店、肯德基五堰店、麦当劳六堰店、寿康1+1、寿康生活广场、寿康永乐服饰广场、寿康永乐红卫中心超市、寿康永乐东风便利店、武商量贩东岳路店、武商量贩三堰店、新合作三堰超市、半秋山西餐厅、湖北医药学院、湖北汽车工业学院、郧阳师专、名典咖啡张湾店、名典咖啡五堰店等。

推出幸福白皮书

幸福面前，人人平等！我们都有争取幸福的权利，我们也有享受幸福的义务。

谈到幸福，你的感觉是什么？是不是会有无数个美好的瞬间涌上你的心头？谈到幸福，你的期盼是什么？在你匆匆驶过的人生快车上究竟装载了多少梦想？谈到幸福，你的遗憾是什么？在你蓦然回首时又有多少未曾收获的幸福种子随风逝去？谈到幸福，你看见的是什么？是事业的辉煌、爱人的欢笑还是儿女的成长？每个人关于幸福都应该有自己的一个答案，你的答案是什么呢？

小小卡片，满满的爱

80后
出生于：1980年—1989年

关键词：奋斗、爱情、生活

90后
出生于：1990年—1999年

关键词：个性、自我、敏感

2011年3月4日《十堰晚报·三八特刊》T5版

整体活动效果总评

"大声说出你的爱"这个策划的独到之处在于：借亲情传播品牌，借亲情走进商家，借亲情和同行产生差异化竞争，借亲情和消费者拉近距离，这几者之间既独立成篇又有千丝万缕的联系，融合起来就会产生非常微妙的反应。可以这么认为，它是一次美容美发行业的联盟，是一场时尚潮流的顶级盛宴，是一台诚信企业的颁奖典礼，是一次爱心传递的心灵洗涤。

需要特别指出的是，"大声说出你的爱"整个策划的实施从单一的纸媒推广发展到站在企业的高度进行全案营销、站在全行业的角度进行错位营销，实现了全媒体运作的目的，是营销方式的一次重要突破。它以节日营销为契机，以丰富立体的传播方式向目标呈现了一个多面性的医院，让医院的表情不再冷漠，有效地实现了品牌与受众的深度沟通，通过亲情的传播使得市内多家媒体主动宣传，多个渠道主动表现，阳光医院的品牌印象得到广泛的传播和强力的宣传。

本次活动中，公共场所的明信片索取超过10万张，亲情展架遍布全市重点公共场所，专属杂志投放特殊渠道10万册，多渠道营销成功地提升了企业的品牌，精准营销大行其道。本次活动品牌传播广，受众到达率高，品牌好感度快速提升。

比广告更重要的是什么？是创意！比创意更重要的是什么？是手法！在当前竞争激烈的时局下，多渠道、多手段、多形式的营销手法并用可产生巨大的效应。

捌

美丽是一项事业，需要女人用心去经营。切莫让岁月蹉跎成为美丽褪去的借口，更不要让生活重担成为忽略自我的理由。光阴流转，刹那芳华，留下这一刻的美丽，让我们华丽转身，让我们破茧成蝶。

广 告 主：全市美容机构、知名服装品牌、珠宝品牌

实施时间：2011年4—5月

实施范围：十堰市

核心策略：美容团购、专刊展示、晚会互动、年度美
容机构总评榜

创 新 点：巧用活动平台，激活纸媒影响力

《十堰日报》第三届美丽女人节策划案

跟我一起变美丽

□ 陈文　徐双

一场关于美丽的盛筵

"美丽女人节"作为医疗部传统策划项目,在我市美容行业已初具一定影响力。2011年举办第三届美丽女人节,在前两届的基础上,注重消费者、商家、媒体的互动,设置了加入美丽体验团、创办《美丽心经》专刊、举办2011年度美容诚信机构总评榜及两场以女人为主题的现场活动,整个"美丽女人节"活动持续2个月,活动简介如下:

(1)加入美丽体验团。

(2)"美丽心经":

美容项目体验者写美丽体验日记,用自身的变化与感受为广大读者提供一份求美指南。

(3)精彩纷呈的现场活动:

5月14日,在人民公园,十堰市第二届相亲节和第三届美丽女人节联袂上演精彩活动。

5月27日,在武当国际大酒店金色大厅,举办"魅动十堰·美丽女人节"盛典。

(4)2011年度诚信美容机构总评榜。

一点关于美丽的想法

近年来,我市美容行业一直良莠不齐且竞争激烈。如何选择一家品牌诚信,而且适合自己的美容机构,是很多城市白领女性比较头痛的事情。因此,2010年5—6月举办的"越变越美丽"第二届美丽女人节在宣传美容知识、提高人们对美的认识、展现都市女性风采、倡导诚信美容、培养理智消费观念方面起到了拉动作用,各参与美容机构取得了良好的社会效应和经济效应。为了巩固前两届美丽女人节的活动成果,2011年4—5月,再次推出主题为"跟我一起变美丽"第三届美丽女人节活动,旨在促进春季美容消费市场,发挥媒体监督作用,树立诚信品牌,让车城爱美女性可以放心地追求美丽!

一场美丽纷呈的展示

(1)找准市场结合点:商家、媒体、消费者联动,为消费者争取实惠,为商家带来利益。

(2)实施环节的细化:2个月完成报名、体验、活动及评选,力争每一个环节的操作都能给消费者留下深刻印象,给商家带来实惠。

(3)采用独特的形式:通过以女人为主题的现场互动,把几项活动有机融合。

现场活动一:借助相亲节现场人气,设置魅力休闲区,免费提供椅子、纸、笔、水、小吃等,让相亲者在倍感亲切的同时,了解到美容信息。

现场活动二:魅力盛典。此活动是本次美丽女人节的核心亮点,把与女人相关的元素,诸如服装、珠宝和美容结合，邀请市内行业领军代表荩友服饰有限公司和金伯利珠宝专卖店及安琪儿美容连锁公司三个商家的金牌会员参与，以现场互动的形式，尽情展示自己的魅力。

一个话题引发的创意

2011年5月初的一个下午，在半秋山西餐厅内，三个女人一拍即合，在短短一个小时里完成了"一台戏"的构架。由《十堰晚报》搭台，首次让三个不同行业完美融合，为我市白领女性送出了一份释放自我、感受美丽的大礼。

"2011魅动十堰·美丽女人节"盛典，作为第三届美丽女人节的最大突破和亮点，源于一次拒绝。作为本次活动的最大参与单位，安琪儿美容连锁机构赵琴老师，本来同意参与本次美丽女人节，在美丽女人节活动期间开展一次以"粉红丝带"为主题的授课，邀请医院的女性医护人员参加。但是由于受众群体工作时间不一致，无法集中到一起，导致课程流产，赵老师表示遗憾，不能参与美丽女人节活动。

作为十堰市美容行业的领军者，如果没有安琪儿的参与，对活动是一种损失。为了能挽回局面，我们重新调整思路，对"粉红丝带"这一活动进行重新定位。现实让我们认识到，"粉红丝带"活动所涉群体为25—45岁的女性，这一年龄阶段的女性在5月这个尽情绽放美丽的季节里，对服装及珠宝首饰的追捧度可想而知。因此，把适合这个年龄阶段的时装、珠宝和健康美丽结合起来，策划一场时尚盛典，定能达到预期的效果。

新的活动方案一下子就找到了赵老师的兴奋点，我们立即约了荩友服饰有限公司的总经理郭苓一起商讨，三个人很快达成共识，活动预定方案成型后，又得到金伯利珠宝专卖店程总的支持。精心策划一个月后，晚礼服、红地毯、星光大道、笑靥如花……由十堰日报社主办，安琪儿美容发展有限公司、荩友服饰贸易有限公司、金伯利钻石十堰店联合承办的"2011魅动十堰·美丽女人节"盛典，于5月27日晚在武当国际大酒店金色大厅隆重举行。

一个激情燃烧的夜晚

水晶灯，高跟鞋，飘逸的流苏礼服，时尚、优雅、尊贵。

她们，聪颖与美貌并存，快乐与幸福永恒。

她们，独立自主，勤思敏学，誓做享受生活的女人。

武当国际大酒店金色大厅，弥漫着妩媚的倩影、温婉的气息。由十堰日报社主办，安琪儿美容发展有限公司、荩友服饰贸易有限公司、金伯利钻石十堰店联合承办的"2011魅动十堰·美丽女人节"盛典拉开帷幕，盛典推出了一个让女人尽情释放自我的夜晚，也成就了一场让女性感受美丽的时尚盛会。

人人都是大明星。27日18时许，武当国际大酒店金色大厅已是灯光璀璨。长长的红

1 2011年4月18日《十堰晚报·健康周刊》B01版
2 2011年4月28日《十堰晚报·健康周刊》B01版

1 | 2

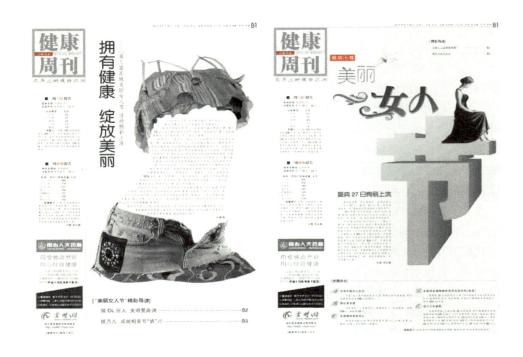

毯，美丽的"天使"，帅气的男模，专业的摄影师，陆续到来的女嘉宾们享受到如同参加奥斯卡颁奖盛典明星般的礼遇。盛典上，身着晚礼服的女嘉宾们不放弃任何一个展现自我的机会，比优雅、比魅力、比自信，尽情享受被人关注的快乐。

名媛争艳也疯狂。盛典现场，为充分调动每个人的热情，几百位名媛佳丽被主持人分成"女人花组"、"遇见你组"、"甜蜜蜜组"和"我只在乎你组"4个方阵，进行拉歌、猜歌互动，把现场气氛逐渐推向高潮。主持人王勇不愧为东南亚情歌王子，赵传、张雨生、孙楠等人的经典曲目张嘴就来，带领大家畅游在那令人难忘的美好时光里。

魅力女人新内涵。新时代的"魅力女人"如何定义？参加"2011魅动十堰·美丽女人节"盛典的美女们有着不同的理解。"我觉得健康、善良、智慧、自信的女人就是有魅力的女人。""有内涵的女人最有魅力！""面对丈夫是贤惠的妻子，面对孩子是慈爱的母亲，面对社会有自己的贡献，这样的女人就是有魅力的完美女人！""珍惜现在所拥有的一切，永远知足快乐的女人，就是魅力女人。"……通过现场调查，大家眼中的"魅力女人"脱颖而出：她引领城市时尚潮流，她倡导努力工作、快乐生活的理念，她身心健康，自信上进，懂得生活，热爱生活。

一个影响深远的活动

第三届美丽女人节的成功举办，带来了良好的社会口碑，有人甚至提议，把美丽女人节进行到底！活动之余，我们有鞭策、有欣喜，也有良多感触。

1. 解决了美容行业的系列问题

近年来美容行业整体疲软，宣传需求量较小，通过举办"美丽女人节"树立健康正确的美容观念，刺激美容消费，增加广告宣传力度，唤起商家的宣传意识。

2. 一次很好的行业延伸尝试

以美丽为焦点，把与美丽相关的服装、珠宝行业联系在一起，打通消费者与商家的沟通平台，实现客户资源的有效整合。

3. 活动类策划难点突破

魅动十堰整场活动近4个小时，无人离场，现场氛围热烈，参与人员达到忘我状态。实现这一突破，离不开整场活动的周密计划、活动形式的新颖独特、活动设置符合现代女性的心理、商家的积极参与和支持等。

4. 活动能留下深刻记忆

本次活动的策划本着媒体、广告主、客户三赢的原则，把市民的参与性始终放在首位，市民的参与度越高，感情越投入，越能留下美好的记忆。

一个关于美丽的梦想

商界盛行一个"潜规则"，那就是女人和儿童的钱是最好赚的。对于女人说，再没有比保持青春美丽更动人的口号了。

通过活动，抓住目标人群的心理，将功能性与目标人群对"美丽"的渴求自然地建立起合理关联，是使广告效果放大的有效办法。在"美丽女人节"活动中，我们设计了启动、开幕、征集令、大比拼四个环节，从方方面面形成美丽诉求的层次化。

"美丽女人节"之动员篇

美丽会感染，你敢不敢

你想一睹十堰美女名片吗？

你想入围车城美色标签吗？

你想在夏日来临之前完成华丽转身吗？

你想挽回被上帝当苹果咬掉的小缺陷吗？

你想你的日记入编首份《美丽心经》吗？

你想亲历首堂"女人班"的开课典礼吗？

……

为了展现车城女性风采，提升魅力指数，倡导诚信美容，培养理智消费观，2011年4—5月，我们依托资深的美丽达人和优秀的采编力量，强强联合，推出主题为"跟我一起变美丽"的第三届美丽女人节活动，让读者首次近距离感知和见证十堰美容美发界的迷人风范，激活春季美丽快捷键！

10 000份报名手册全城发放，

1 000个体验名额虚席以待，

100张瑜伽年卡寻找主人，

10篇美丽心经向你约稿。

给自己一个机会，一个破茧成蝶的机会！

无论你是可爱型、成熟型、稳重型、中性型，还是优雅型、时尚型、干练型、智慧型，快来加入第三届美丽女人节的队伍吧！在这个春天里，尽情享受这次车城时尚的娱乐盛宴！

"美丽女人节"之启幕篇

美丽，等你来驾驭

20岁的女人像莲花，温婉清新。

30岁的女人像玫瑰，妖艳热情。

40岁的女人像牡丹，雍容大气。

50岁的女人像兰花，淡雅沉静。

女人如花，每个年龄段都有其独特的美与气质。就如同这纷繁复杂的大千世界，正因有了色彩斑斓的花朵，才会显得绚烂无比。

可是当你每天忙碌着为生计奔波，当你沉迷于琐碎的日常生活，当你围着锅碗瓢盆一刻不停……

你是否已经失去了曾经的自己，忘记了本该拥有的美丽？你是否还想找回真正的自己，找回丢失的自信？

那么现在，赶紧加入我们的行列，和我们来一起追寻，发现属于你的美丽，驾驭属于你的美丽。

我们，整合本土优势美容资源；

将要，打造全市便捷美容平台；

为您，量身定做美容塑身方案，

让您，重拾昔日华丽风采。

10 000份报名手册全城发放，

1 000个体验名额虚席以待，

100张瑜伽年卡寻找主人，

10篇美丽心经向您约稿。

不要错过这次机会，一次华丽转身的机会，一次破茧成蝶的机会。

美丽是一项事业，需要女人用心去经营。

莫让岁月蹉跎成为美丽褪去的借口，更不要让生活成为忽略自我的理由。

光阴流转，刹那芳华，

留下这一刻的美丽吧，

忽视所有的不安与不适，

最动人的时刻即将来临。

"美丽女人节"之报名篇

"美丽体验团"征集令

这个城市因车而建，因此她们时尚奔放；

这个城市以堰为名，因此她们曲线绵延；

这个城市以武当著称，因此她们优雅淡定。

她们就是城市，她们就是风景，她们就是主角！

——2011，我们重磅推出"跟我一起变美丽"第三届美丽女人节之"美丽体验团"征集活动！

从即日起，"美丽体验团"征集活动正式启动。"美眉"们只需到指定地点领取报名手册，即可参与车城大型美容美体特卖会活动，享受活动主办方提供的减肥、丰胸、整形、美容、养护等免费体验项目（每体验完一个免费项目，由该美容机构盖活动专用章及美容师签名），集齐所有印章后即有机会到活动组委会领取瑜伽年卡一张！

作为体验者，写下你的美丽感言或体验日记，发邮件至sywbkkk@163．com或直接交与你的团长，即有可能入编车城首份美丽指南时尚特刊——《美丽心经》，成为全城丽人的美丽风向标。

"美丽女人节"之评选篇

美丽红黑榜口碑大比拼

随着市民对美的要求不断提高，大家去各美容院追求美的同时，更需要了解企业的诚信

1　2011年4月29日《十堰晚报》4版
2　2011年4月29日《十堰晚报》5版

1	2

度。"消费与民生"是今年消费者权益保护日的主题。在此背景下，美容美发企业诚信度拷问成了消费者最关心也最易引起社会各界热议的话题。

"金碑银碑不如老百姓的口碑。"企业到底诚信不诚信，还得消费者说了算。第三届美丽女人节期间，为了使读者更广泛地参与，本报提供了多个渠道让您表达自己的意见。究竟谁才是您心目中的诚信美容企业，请用以下6把"尺子"去衡量吧，最终结果请以电话及短信形式投票，活动全程受权威媒体监督，公开透明。

"美丽女人节"之现场篇

美丽缤纷季　爱心香满城

一次美容美发行业的联盟

一场时尚潮流的顶级盛宴

一台诚信企业的颁奖典礼

一次爱心传递的心灵洗涤

……

善良通常和美丽联系在一起，女人在追求美的同时，也会释放出内心的善良，达到内外兼修。作为女人，生活中扮演着为人女或为人母的角色，每当通过各种途径得知有弱势群体需要帮助时，都会触到内心那根柔软的弦，很想伸出援手，又苦于势单力薄。"美丽女人节"是女人的盛会，在这里，我们将启动"爱心传递站"大型公益活动，倡导社会爱心人士捐出闲置物品帮助需要的人。

5月28日，第三届美丽女人节与您相约六堰人民广场。届时，将诞生十佳美容美发诚信单位，启动"爱心传递站"仪式，免费发放《美丽心经》特刊，现场更有美容知识答疑、美发机构义剪等活动，实惠多多，受益多多，不容错过！

大运会不只是广采媒体的商机，身居内陆山区的《十堰晚报》傍着大运会也火了一把。巧妙的一字之改，网罗国内数十家品牌商企，共谱惠民新曲。从板块设置到版式设计、文字组织均其不凡气质。

案　　例：深圳大运会举办之际十堰商家打造惠民平台
实施时间：2011年8月
核心策略：借"竞技运动会"办"商界大运惠"
创 新 点：大运会—大运惠

《大运"惠"》特刊策划案

无中生有的精彩

□黄小彦

第一部分
特刊以什么冠名？

2011年8月12日，第26届世界大学生夏季运动会在深圳开幕。深圳这座以创新而闻名的年轻城市，聚焦世界目光。深圳——302枚金牌、302枚金牌——深圳，两者大笔书写"从这里开始，不一样的精彩"。

深圳大运会在进行，十堰商界同样活动频出。一个是竞技场，一个是商战场，两者有无连接点？如果以田径、游泳、射击、跆拳道等运动项目对应不同的商家，能否找到对应点？值得注意的是，交流、沟通、友谊是其共同的主题，互动、竞争、进取是其相通的精神。将两者予以结合的特刊究竟以什么冠名？策划人员反复分析、多方拓展、苦思冥想后，终于以思想的燧石撞击出了特刊的火花：大运会——大运惠。

答案：大运"惠"。

第二部分
要办一份什么样的特刊？

在商言商，商亦有道。物质化的最终结果，是一切财富来之于社会，最终回归于社会。鉴于此，商家之"惠"显得尤为重要。在深圳大运会开幕之际，借大运会之东风，十堰30强商界企业将分别进行大力度折扣、直降、直返等多样优惠促销。对此，十堰日报传媒集团广告经营总公司借势打造商家惠民平台，特推出《大运"惠"》特刊。

答案：借"竞技运动会"办"商家大运惠"。

第三部分
特刊怎么办？

《大运"惠"》特刊广告较多，在人员少、任务重、时间紧的情况下，我们决定实行四大块运作，每一块有一个中心，每个中心的稿件突出一个主题。这四个主题既要相得益彰又要独立成篇，既要体现"惠"又要站得"高"，既要讲政策又要结合实际，既要有观点又要出文采，要求很高，不能是泛泛之作。

惠声——树一个布德泽的名

[主旨]宣传企业理念，增强企业社会认同感。请企业老总发表精彩言论，介绍企业精神或

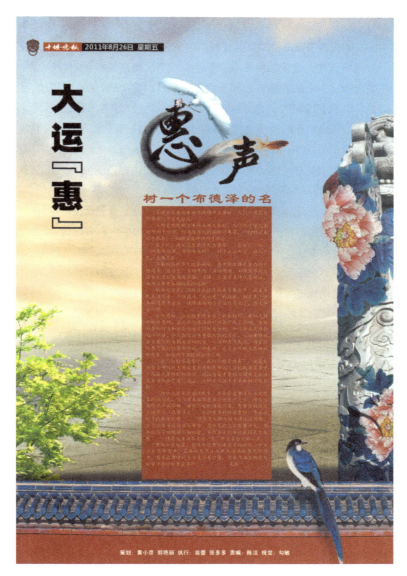

封面-惠声

对"惠"的见解。

[统领广告的正文]

当商业带着资本的特性横冲直撞时，人们一度在日渐物质化中迷失自我。

当博弈规则确立市场不再无序时，人们在守望之光的照彻下回归。

鉴于此，商家之惠显得尤为重要。《长歌行》云："阳春布德泽，万物生光辉。"对于企业而言，让利于民，企业久长。

当第26届世界大运会谢幕之际，由十堰日报社主办的十堰商业"大运惠"重磅开场。活动期间，30强商界企业将分别进行大力度折扣、直降、直返等多种优惠促销，为消费者采购提供N种选择。

举办大运会，深圳旨在提升城市发展水平、改善市民生活质量。十堰商业"大运惠"的推出，初衷在于让车城消费者受益。这项活动对于企业自身而言，意义不言而喻。

众所周知，企业的责任来源于社会权利，责任是权利的对等物，企业的经济活动对社会产生影响，企业的盈利行为和社会行为是同时发生的，所以企业是社会的一部分，企业在为自身争取利润的同时，必须兼顾社会上其他利益相关者的利益。从这种角度来说，商家的优惠是履行社会责任的一种表现，也是企业树立良好社会形象、打造优质品牌的必经之路。

"我们打的不是架子，我们打的是内在"，这是大运会上中国代表团副团长王刚在中国队拿到跆拳道男子个人品势金牌时的评价，他认为最重要的原因在于运动员真正体会了文化内涵，这样才从强手手中抢到这枚金牌。

"物价上涨牵涉国计民生，不管是竞争性行业还是垄断性行业，压力将直接传导至下游生产行业，进而推高终端产品价格。面对严峻的通胀形势，有责任的企业应该带头'过紧日子'，承担更多的社会责任，带头让利于民共度时艰。""现在有些群众的生活还很困难，企业应该为政府分忧解难。企业无论怎么发展壮大，都不能忘了回报国家和社会，不然企业就难以获得长久发展"——这是我市商界大运"惠"中众多企业的心声。

市场如浪喧嚣，在这个消费与被消费的时段，十堰商业需要惠声，需要把惠声注入点点滴滴的惠民行动中，需要让庸常的生活变得有价值，需要使沉湎在物质与欲望中的精神重获尊严。

1 封面-惠和
2 封面-惠泽

1	2

惠和——走一条和为重的路

[主旨] 刊发企业宣传，介绍企业商品，推广新品精品。

[统领广告的正文]

"和谐大运，让不同国籍、不同肤色、不同文明背景的人们在大运会共同享受体育、享受友情。"刚刚落下帷幕的第26届深圳世界大运会，被称为是一届友谊盛会、文化盛会、和谐盛会。而和谐，正是体育精神的真谛。

作为一座移民城市，十堰居民来自四面八方，一代代移民带来了不同的思想观念、行为方式和生活习惯，天南海北的地域文化在十堰汇聚，迸发出无穷活力。这种海纳百川的文化大融合，成为这座移民城市重要的精神根基。正如此次十堰商业"大运惠"的举办，目的就是搭建商家和消费者互惠互利的平台，让其相互尊重，相互包容，加强商家和消费者的紧密和谐联系。

在中国，"商人求财，以和为贵"乃传承千年的经商之道。用现代的话来说，企业应主动承担起与社会各利益相关者和自然环境和谐相处的责任。也就是说，企业在创造利润、对投资者利益负责的同时，还要承担社会责任，使社会随着企业的发展而受益。

现实的商道是这样一条和谐之道吗？我们看到——

正是在惠和的风气下，十堰商家提出"以人为本"的服务精髓。

正是在惠和的追求中，大商电器从未把自己放在消费者对立面，可退可不退的商品以退为主，可换可不换的商品以换为主，可修可不修的商品以修为主……在消费者遇到质量问题时，大商电器首先想到的是帮助他们解决问题，而不是制造障碍。

正是在惠和的体验中，很多情况下大商电器甚至会代理消费者与家电厂商沟通，帮助消费者争取最大的利益……

也许，我们应该这样理解：十堰商业"大运惠"创造了一个机会，让不同的商家聚集在一起，服务于消费者个性化发展、多样性选择，共创美好生活。在尊重和追求消费多样性的前提下，十堰商业"大运惠"为消费者提供了一个和谐的平台。

现在，我们应该确信无疑：和谐"大运惠"，和谐消费，共同分享。谁不渴望尊重和理解、交流和友谊？十堰商业"大运惠"是一次消费的狂欢，不管你来自哪里，尽可与30强企业一起，分享消费的乐趣，分享时代创造的幸福，分享文明进步的成果。

惠泽——举一面商有道的旗

[主旨] 今夏商家有哪些惠民大动作？以前出台过哪些民生措施？如何诠释"商道"？

[统领广告的正文]

民生无小事。

我们很欣喜地看到，此次十堰商业"大运惠"，得到了美的、海尔、奥克斯等国际知名名牌旗下企业的支持。他们的参与，进一步体现了企业让利于民的社会责任。

我们更欣喜地看到，正是深刻认识到民生的重要性，政府近年来推出了一系列惠民政策，如同一张细密编织的"民生网"，从"补缺"到"普惠"，真正惠及众生。

以家电下乡和家电以旧换新为例——

家电下乡背景：针对城乡消费水平差异，拉动农村家电消费，提高农民生活水平。时间：2008年12月1日启动，2012年11月底止，为期4年。措施：家电下乡政策实施期间，农民在指定销售网点购买规定数量的家电下乡产品，国家财政将对农民给予销售价格13%的补贴。

家电以旧换新背景：家电以旧换新是继家电下乡、汽车以旧换新之后，国家实施的又一项惠民利民政策。时间：政策推广实施期暂定为2010年6月1日至2011年12月31日。措施：电视机、电冰箱、电脑、洗衣机、空调皆有"一席之地"，以旧换新期间，国家对消费者交售旧家电并购买新家电、对企业回收和拆解处理旧家电进行财政补贴，家电以旧换新补贴标准按新家电销售价格的10%给予补贴。

百姓如何看待？不妨听听民声。"家电以旧换新政策真是好，买家电拿补贴很划算，旧家电还有人上门来收，方便得很。"正如市民张女士所感慨，不管是家电以旧换新还是家电下乡，得到实惠的老百姓无不对此拍手称好。当然，这些惠民政策的落实与相关企业的积极支持是密不可分的。运作过程中，苏宁电器、国美电器、工贸家电等作为家电回收和销售中标企业，秉承"至真至诚，阳光服务"的理念，恪守国家家电以旧换新和家电下乡执行标准，以行业品牌典范影响整个市场，也让更多消费者受益。

商有道，方能兴；商有道，方能赢。

商界风云变幻，商海潮起潮落，商战硝烟犹在。商业的历史，总是在思考与探索中一次次被书写。如果说历史可以被借鉴，思路可以被打开，未来可以被烛照，那么必有一种肯定的力量、一种向前的激励、一种坚定的执着，引领着商界进行自我改善、自我拯救——这就是道，商道。

必须看到，对于商家而言，道只有一条。那就是：谁真正为消费者服务，谁真正有利于民族产业的发展，谁就能最终获得消费者的青睐和支持。

封面-惠风

惠风——捧一颗惠民生的心

[主旨] 开辟原生态写作，以第一人称的写法，我手写我心，写出产品真正的"惠"。

1 C03版

2 C04版

| 1 | 2 |

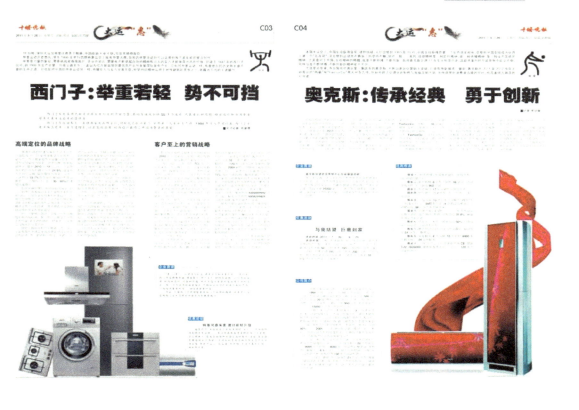

"我和美的10年"、"我的海尔我最爱"、"我的潮流至高点"等都可作为标题。

[统领广告的正文]

人的最高境界是爱他人，这是孔繁森的一句名言。

"商道的最高境界是惠民生！"对于十堰商界来说，这同样是最为朴素的一种追求。正是抱着这种观点，十堰商家的促销开始"常态化"，服务开始"贴心化"，消费变得"人性化"……

以精彩纷呈的促销看开去——

早几年，商场一般会在"五一"、"十一"、"春节"等大型节假日搞促销。但这两年，人们明显感觉不同，商场的促销活动不光花样翻新，而且频率越来越高，无论是中外节日还是大小黄金周，无论是传统的销售旺季还是淡季，商场都会费尽心思端出"促销盛宴"。

对于商场这种"常态化"的促销策略，消费者周女士感受颇深。因为今年以来，她的手机每周都会收到几家大商场的促销通知短信。几个大的节假日就不必说了，就连"儿童节"、"青年节"等节日也被赋予新的促销主题。以前从未接触过的"快乐周末"、"员工内购会"也一一"飞"来，每每总让她心中为之一亮。

有人评价，将节日大规模促销"常态化"，其实是商界的一大进步。

因为，此前一年中几个大节日搞促销，主要针对全体消费者，此举虽然拉动了营业额增长，但带来一定的副作用，比如活动时商场挤爆，收银台前排成长龙，客户难以得到更好的服务，而活动后商场显得冷冷清清。

因为，种种迹象表明，广大消费者不仅需要商家的促销，更需要商家将这股"惠风"长久地延续下去。"常态化"的促销，无疑满足了这种需求，它使消费者选择的余地更多了、得到的实惠更多了、获得的满足感更强了。

因为，"常态化"的促销模式在避免集中消费后，可以更好地保证服务品质，既巩固了市场，也拉升了整体销售额度；既刺激了消费，又实现了淡季不淡的战绩……

所以，真正捧一颗惠民的心，真正让"惠风"劲吹，与其悲喜交融，与其苦乐相通，与其荣辱与共，消费者会笑，商家也会笑到最后。

答案：巧设四大版块，办出专刊特色。

第四部分
特刊社会反响如何？

2011年8月31日，一条来自新浪的微博、一份依旧散发着油墨清香的特刊在车城十堰乃至湖北新闻界广受关注。《楚天都市报》副总编任浩在微博中点评此专刊："媒体经营需要点无中生有的气量。以为大运会只是广深媒体的商机，身居内陆山区的《十堰晚报》却傍着大运会火了一把，巧妙的一字之改，网罗国内数十家品牌商企，共谱惠民新曲。从版块设置到版式设计、文字组织均具不凡气质。这样的完美策划出自地市级晚报之手，由衷钦佩。"

答案：好评，双赢。

拾

　　有人认为，曾经的人商百货是消费者心中岿然屹立的"1"。

　　有人发问，迁址后的人商百货能否同样成为"1"？由此能否激发"1+1＞2"的效应？

　　小策划带来大影响，万般繁华不若秋实。以人为本，以情感为依托，避免营销思维中对人性的符号化描述，改变传统广告教化式、总结式、数字式的诉说，用"硬品盾、软情感"与消费者进行真挚沟通，策划，让消费者见证"1+1＞2"的社会效应！

案　　例：人商百货整体迁移系列报道
实施时间：2010年5月21日—6月10日
核心策略：对龙头商企整体迁址的全方位解读和剖析
创 新 点：系列报道与系列硬广的成功组合

人商百货整体迁至北京路系列报道策划案

小策划大影响

□ 刘经华　吴可新

一座商场的迁移可以带动和影响一个新区商圈的蝶变！

北京路是十堰市劈山开岭兴建的一条城市次主干道，2010年6月初，武商集团十堰人民商场百货因拆迁，告别六堰核心商圈，整体迁移至北京路。此时的北京路功能配套尚不齐全，商圈氛围尚不成熟。正是在这样一个特殊的背景下，我们成功策划了人商百货迁移系列报道，从迁移的缘由、迁移的主客观因素、迁移带来的挑战与机遇等进行全方位解读与剖析。这组策划一经推出便收到出奇效果，人商百货销售不降反升，而且带来了北京路的繁华和地产的升值，又一次创造了"客随店走"的人商百货品牌传奇。

从人商百货的迁址说起

2010年5月20日上午，武商集团十堰人民商场在该商场三楼会议室召开人商百货整体迁移信息沟通会。人民商场百货总经理贾国启在会上宣称：人民商场百货将于2010年6月11日整体迁移至北京路远洋国际楼盘负一楼至二楼经营。

是春天还是冬天？是绽放还是凋谢？这是人商百货多年来面临的最大挑战。毕竟，在区域市场形成规模化的强势推广下，攻城掠地的难度可想而知。多年来，经营面积不足一直是制约人民商场发展的瓶颈。为从根本上解决制约企业发展的这些问题，人民商场2010年元月1日起与武商集团成功并购后，即开始着手在本部原址及购买的广电门前土地上建造10万平方米大型现代化购物中心。为了做到建设、经营两不误，人商百货决定整体迁移到北京路经营。

寻找1+1＞2的策略

有人认为，曾经的人商百货是消费者心中岿然屹立的"1"。

有人发问，迁址后的人商百货能否同样成为"1"？由此能否激发"1+1＞2"的效应？

社会担忧不无道理。将一座大型商场从繁华核心的商圈迁移至一个商业业态还不太成熟、人气尚有待培养、商业氛围尚需要加以营造的新地方，风险和压力如期而至。对此，我们通过市场调查后做出了以下分析。

市场行情的特殊性。纵观十堰商业市场，不同的区域、不同的时段，有着完全不同的市场走向，有的甚至背道而驰。在十堰，人商百货是人们心中的商业大企，拥有大量的优质消费群，其资金流、物流、信息流的全面优化升级对于一般企业而言只能望其颈项。虽然人民路上的人商百货"人脉甚广"，但北京路作为十堰开发新区，消费者的认可度有多高？我们认识到，机遇在某种程度上意味着挑战。人商百货新店选址北京路，缘于广阔的发展前景。人商百货北京路店经营场地面积近17 000平方米，为城市新中心的商业崛起埋下了伏笔，这里与市体育中心、市游泳馆、市博物馆、市美术馆、郧阳中学、十堰市一中、市二中等毗邻，人文气息浓厚；同时，周围高档楼盘林立，与十堰市委、市政府也相距不远，周围分布了不少政府职能部门，具有特殊的人脉优势；这里是重要的交通枢纽，江苏路、火箭路、柳林路、天津路、浙江路、上海路等与之贯通，交通发达。可以预测，人商百货北京路卖场未来几年必将成为市民休闲购物的理想场所。

竞争态势的过渡化。作为十堰首屈一指的龙头商企，人商百货经过若干年的发展，已经进入一个相对稳定的竞争阶段，品牌数量稳定、集中度高，各品牌有自己的市场目标族群。我们了解到，人商百货北京路卖场在内部装修设计方面认真筹划、精心准备，从卖场整体布局到局部设计，从营销策划到市场推广、品牌遴选等诸多方面，均以城市未来中心商业地标的标准予以推进，一旦实现顺利转场，人商百货将很快在服务功能提升、商品定位、市场营销、宣传引导诸方面出台系列措施。为了最大限度地改善交通，人商百货与市公交集团达成一致：一是在公交集团公司的支持下增加公交线路，线路由目前的4条增加至6条；二是增加公交车的运行频次，缩短乘客的候车时间；三是人商百货提供由六堰到北京路店的免费往返直通车；四是提供充足的停车位……来自方方面面的调查显示，随着人商百货的即将迁址，人商百货的品牌价值没有因此而改变，竞争态势的过渡痕迹最大限度地被浓浓的亲民举措淡化了。

前期宣传的必要性。凡事预则立。随着市场调查的深入，我们向人商百货提出加强北京路新卖场前期媒介宣传的想法，这个想法的提出，与人商百货决策层不谋而合，达成高度一致。接下来，我们与人商百货企划部反复沟通，决定通过本土媒介这个平台，全面梳理人商百货新的营销结构和不变的企业文化，力求以人为本、以情感为依托，避免营销思维中对人性的符号化描述，改变传统广告教化式、总结式、数字式的诉说，用"硬品质、软情感"与消费者进行真挚沟通，在沟通中见证"1＋1＞2"的社会效应！

见证新营销时代的到来

众多成功案例印证一条真理——愚笨的商人卖产品，聪明的商人卖牌子。当一个成功品牌在岁月的更迭中润物细无声地进入到生活中，让消费者接受并依赖时，在背后微笑的即是品牌的创立者和维护者。而媒体，则是义不容辞的维护者。

从2010年5月20日至6月11日20多天的时间里，我们先后在本土主流媒体《十堰日报》、《十堰晚报》、秦楚网刊发5篇连续报道、5次迁移开业形象广告，系统、全面地对人商百货迁址进行深度探析。

打造全新商圈，实施精进战略。发布人商百货整体迁移，6月4日盛大开业的权威信息。这篇报道的主题是：描绘发展蓝图，成就人商梦想。

真诚服务社会，铸就品牌力量。发布武商集团十堰人商总经理贾国启就人商百货迁移答记者问，解答社会的疑问，解析人商百货实现战略转移的深层次原因。

延迟开业时间，承担社会责任。人商百货初定的开业时间，正赶上学生高考，而北京路是学子高考必经之地。为了不影响高考，人商百货毅然推迟开业时间。总经理贾国启表示：开业固然重要，高考学子的前程更重要。这组被记者临时获悉的报道一经推出，收到强烈的社会反响，彰显了人商百货"做有责任企业"的良好形象。

努力服务社会，一切朝着更好。人商百货整体迁移成为消费者关注的焦点。这篇报道旨在从消费者的角度，展现市民对人商百货整体迁移的理解、支持和期待。

搭建更大平台，实现跨越发展。这篇报道旨在从各品牌供货商的角度阐述人商百货迁移的重要性与必要性、可行性，增强消费者对迁移后的人商百货的信赖。

营销大师菲利普·科特勒认为，一个深度的品牌宣传应具备六大内涵：属性、利益、价值、文化、个性和消费者评价，其中"价值、文化和个性"是品牌的深度内涵。创意横飞的时代，我们对人商百货的宣传牢牢把握住了以上原则，整整20多天时间里，除了在十堰日报社所属的三大媒体交替刊登深度报道外，还设计了七八期人商百货迁址开业的形象硬广。迁址开业前夕，重磅在《十堰日报》、《十堰晚报》推出通版开业促销广告、推出友好单位跨版祝贺

2010年5月21日《十堰晚报》5版

广告。高密度、全方位的宣传策划，把人商百货的形象及广大消费者对新人商百货的期待推向一个新的高度和境界。

打开一扇心门

开拓市场需要营销，营销更需要策划，策划的重要性正被越来越多的人所认识和重视。面对日益激烈的市场竞争，传媒如何更好地服务广告客户，如何保持在行业中的优势地位，这是我们苦苦思索的问题。在新媒体方兴未艾的今天，客户对媒介的选择越来越多、越来越挑剔，要赢得客户的信赖，就要求广告从业人员开拓视野，跳出传统的经营服务理念，树立靠策划致胜的观念，用策划来提高影响力。正所谓给我一个支点，可以撬动地球。从人商百货整体迁移报道这一策划案利，我们可以得到"小策划、大影响"的有益启示。

小策划打开一扇门。

从决定迁移到新址开业，人商百货一直处于社会各界和广大消费者的高度关注中。这就是新闻运作效用的直接体现。人商百货迁址系列报道和形象硬广抓住了人商百货迁移的脉搏，抓住了受众关心的疑点、热点，在特定的时段，采取特定的方式，连续不断地强烈地向人们传递人商百货要迁移、何时迁移、如何迁移、迁移的优势、迁移的前景等信息，并广为人知，深入人心。

大影响印证大价值。

2010年6月11日开业当天，人商百货人气格外兴旺，气场超出预想。我们在开业现场看到，人商百货北京路新卖场内人流涌动、熙熙攘攘，消费者购物异常踊跃，不少收款台出现了排队等候交款的现象；优雅舒适的购物环境、丰富多样的开业庆典吸引了非常多的市民前来参观、购物。不少顾客欣喜地发现，人商百货北京路卖场新引进了一些国内外名品加盟，商品更加丰富，商品档次更高，各个专柜的装修也非常精致，别具风格。事后我们获悉，人商百货开业当日尽管不是双休日，但销售依然火爆，实现销售逾300万元，超历史同期最好水平。

人商百货主要负责人多次在公开场合感慨地说，人商百货迁移至北京路，销售业绩持续攀升，商业人气始终高涨，社会影响深远持久，与十堰日报传媒集团所属的《十堰日报》、《十堰晚报》、秦楚网的新闻介入与有力运作密不可分，正可谓小策划带来大影响，万般繁华不若秋实。

城市的潮男潮女素来是街头一道亮丽风景线。这些身边的、眼前的、草根的潮男潮女虽然不是耀眼明星，但他们有自己的时尚追求，有自己的时尚诉求。他们来自民间，却有着广阔的生活空间和推广语境。因此，为这类潮男潮女精心打造一个展示平台成为必需。

实施时间：2010年4—12月
实施范围：十堰市及其周边县市
核心策略：时尚召集令　敢SHOW你就来
创 新 点：整合传播方式，实现效益最大化

五堰商场平面模特大赛策划案

瞄准，向时尚射去

□ 郭艳丽　宋梦

业界突围　潮动时尚

时尚是一个永恒的话题。彰显一个人甚至一座城市的气质与个性，是它的魅力所在。

以时尚引领风潮，以时尚打造看点，以时尚创造商机——这就是策划的效应。

作为鄂西北最早的国营综合性商业零售企业，始建于20世纪70年代初期的五堰商场在十堰可谓家喻户晓。其坐落于素有"十堰王府井"之称的五堰商业街，是湖北省商业50强企业。2010年12月，五堰商场新大厦即将全面开业，这意味着一个经营面积60 000平方米、年销售8亿元、利税5 000余万元，聚集国际、国内众多名优品牌，涵盖超市、百货、珠宝、服饰、餐饮、电玩、娱乐、影院等多业态、全方位的超大型商业旗舰即将诞生。

新商场开业之初，虽然经营面积扩大，引进品牌种类繁多，但由于消费者对五堰商场新的经营业态不太了解，销售不尽如人意。而且纵观十堰商业，竞争日趋激烈，变化的环境对需要生存、壮大下去的企业，提出了向市场投入更高资源的要求。这时的企业，再也不能像以前那样，凭借着大把的机会，随意进行资源、营销、推介定位，环境变化要求企业进行社会推介时越来越科学化和理性化，企业生存的压力对媒介投入的效率提出了更高要求。这时，巧妙整合天、地、人等要素，通过系列活动予以推介成为迫切之需。

出奇制胜　剑走偏锋

作为一家具有担当精神的传媒，如何以正面的、积极的影响参与并共谋广告客户发展？这是新时期对每一个广告人提出的严肃课题。

我们认为，举办平面模特大赛，有利于消费者重新认识和定位新五堰商场，迅速了解新五堰商场，不断巩固和加深五堰商场在消费者心目中的良好印象；同时，通过与形象良好的五堰商场合作，融入精彩活动赛事，吸引消费者的关注和参与，将大大彰显报纸的品牌力量。为此，我们拟订了以下几点：

一、活动推介确立首要原则

任何一个成功的活动，均是从心理角度也即价值观的角度来分割族群。而细分考虑的指标则包括性别、年龄、职业、职位、爱好、收入水平、品牌观、消费观、兴趣爱好、个性特点等，只有对这些要素进行深入分析，从消费者的心理需求出发，选定策划要输出的信息内容，才能打动受众，使其产生购买欲望，达到提升销售、树立形象的目的，保证商业活动的可控性和成功率。

具体到五堰商场来说，是一家主要从事化妆品、服装、鞋子等百货类销售的老字号卖场。老字号卖场推出全新的商业业态，是一种市场营销战略，如果说市场营销战略决定市场战术活动，战术活动决定媒介推广，媒介推广服务企业的整体战略，那么，将新五堰商场的宣传主题确定为引领时尚潮流，完全可以满足受众爱美、社交、商务的心理诉求。

1 《第一消费/风尚》

2 《第一消费/风尚》

1	2

二、适时适式凸显创意点

城市的潮男潮女素来是街头的一道亮丽风景线。我们意识到，这些身边的、眼前的、草根的潮男潮女虽然不是耀眼明星，但他们有自己的时尚追求，有自己的时尚诉求。他们来自民间，却有着广阔的生活空间和推广语境。因此，为这类潮男潮女精心打造一个展示平台成为必需——专为五堰商场新大厦开业打造的"时尚流行风"活动应运而生。

在这里，现代时尚将与传统文化有机相融，东方神韵将与西方风格奇妙邂逅，个人体验与舞台秀激情交汇。应该这样定位：时尚流行风这一活动平台，是一个引领大众时尚潮流、紧扣城市健康生活、提高大众的现代生活品质、为主流消费群体营造购物乐园、重塑企业核心竞争力的平台。这个平台、这个创意点，不是活动承办者的心血来潮和戏谑，而是一种时尚的解读、美的追求。

三、活动亮点驰载人文精神

好的广告，去往心灵。放眼城市商业广告活动，"人文定位"是重要一极。打"人文牌"的优势在于深入人心，但是，真正的难点在于如何打动人心，如何撬动市场。

组织五堰商场平面模特大赛，是为了让更多的人加入到时尚中来，为个性的发展提供更多机会。所以，我们选拔平面模特新人，不会斤斤计较参赛者的身高与表演，不会拘泥参赛者的名气与职业，不会在意参赛者的经验与个性。意在为时尚的潮男潮女创造更多的机会，通过近距离的"草根达人秀"，让时尚与魅力全城瞩目。

《第一消费·风尚》B06版

时尚舞台　敢秀就来

一番深入沟通后，我们和五堰商场的策划者统一了认识，即通过"时尚流行风"秀场之星平面模特大赛，为五堰商场推出时尚代言人。我们期待，这股从老字号商场刮出的时尚风，不仅仅是简单地将产品信息传达给消费者，而是能将品牌的诉求带入消费者的生活和情感中，成为消费者生活的一部分。特别是在这样一个追求生活品位的时代，让"老字号企业也有时尚新梦想"深深植根于消费者心中，让品牌与受众达成一次深度沟通——这成了我们最原始的动力！

为此，我们在参赛方式中要求：

参赛选手结合自身特点提供时尚装扮，由皇宫婚纱影楼首席摄影师拍摄个性艺术照一套，通过秦楚网展示并参与评审和网络投票，从综合评审得分高的选手中，每周选取1—2名，参与时尚流行风栏目拍摄。

每月评选出十堰平面模特新秀奖1名，获得新秀奖的获奖选手将直接晋级参与本次大赛年度冠军的评选，并有机会成为五堰商场品牌服饰的品牌形象代言人。

凡参与此次活动的选手均有礼品赠送。

一骑绝尘　众望所归

4月启动，12月正式登场。整整8个月，来自全国各地的报名者络绎不绝，300多名选手参与到时尚流行风活动中。他们有的来自古城西安，有的从国外学成归来，有的还是在校学生，风格独特、魅力迥异的参赛选手，纷纷选择到秀场之星一展身手，体验全新的舞台秀，释放青春的正能量。

群众投票、网络互动、影楼拍摄、步步晋级、闪亮登场……每一个节点我们都要问问自己：吹时尚风，消费者认不认可？借传播力，消费者热不热情？结果证明，准确把握市场脉动，稳扎稳打走好每一步，企业的支持、媒体的跟进、营销的执行、周密的策划、良好的媒介加上老字号良好的口碑，必将实现传播效果的最大化！

2010年12月18日，五堰商场时尚流行风秀场之星平面模特大赛决赛如期举行。冠军在6月之星罗晓黎、7月之星严明月、8月之星谢佳良、9月之星许波、10月之星申婉彤、11月之星翟源、12月之星洋洋、男选手刘远8位脱颖而出的选手中产生。走台、选衣、品牌服装推荐、搭配……各位选手使出浑身解数，向着时尚靶心而去。最终，选手许波一骑绝尘，摘走平面之星模特大赛桂冠。

活动结束，我们再回顾。可以说，成功举办的五堰商场平面模特大赛活动，是一个典型的整合传播案例。广告视频、网络互动、个性摄影、平面媒体等，大大改变了以前商家为造势赚噱头的举措。活动过程中，仅活动网站就获得20多万次浏览量，参与用户达5万多人次，日点击数一度飙升至3万次。我们通过精准策划及到位推广，与目标群体高度关联，吸引消费者自愿、主动接受传播信息。在瞄准、射向时尚靶心的瞬间，赚来了眼球！赚来了口碑！赚来了人气！

20世纪的好莱坞经典电影镜头：女主人公初次露面，一双带着质感的薄底细跟高跟鞋首先翩然而出，接着一辆厚重古朴的老福特无声地疾驶而来，渐行渐远，渐行渐远，最后，福特在灯火辉煌的大厅门前戛然而止。车门被侍者戴着洁白手套的手拉开，一条勾人魂魄的美腿缓缓伸出，弧线流畅的高跟鞋伴着美腿的延伸，优雅地探向光滑闪亮的大理石地面。这，就是高跟鞋的风情！

案　　例：人民商场高跟鞋女王争霸赛
实施时间：2012年2月22日—3月7日
核心策略：凌空跨越的时尚之"履"
创 新 点：女王争霸　"足"够美丽

人民商场时尚之"履"营销策划案

高跟鞋女王争霸赛

□郭艳丽　宋梦　殷佳佳

THE FIRST CHOICE

第1消费

有选择的生活

特别策划：高跟鞋女王争霸赛

女人就要有高度

2012年2月29日《十堰晚报·第一消费》封面

第一部分
活动源起

2011年12月28日，六堰新人民商场开业。以崭新形象面世的人民商场给十堰消费者带来了强烈的陌生感和距离感，原因有以下两个方面：

1. 从3万平方米到10万平方米经营体量的变化

原来的人民商场仅有3万多平方米的体量，消费者只需要花上两个小时，商场里的林林总总就能尽收眼底；现在的六堰新人民商场10万平方米的体量，消费者就是花上一天的时间也只能是走马观花，一种陌生感油然而生。

2. 以高端形象为主的综合产品结构的变化

新人民商场经营的定位和体量的变化，使产品结构和楼层品类发生了根本性的改变。产品结构在原有的基础上有质的飞跃，众多大牌的进驻在很大程度上提升了十堰的商业环境；楼层品类调整使很多大牌聚集一楼和二楼的显著位置，让消费者一进人民商场就有种高处不胜寒的距离感。

针对上述问题，我们做了"年终奖增值计划"、"潮游人商"和"2012我们的桃花运"等一系列营销策划，引导消费者重新认识人民商场，建立亲民人民商场的全新高端形象。高跟鞋女王争霸赛是在前期活动的基础上，采用与消费者零距离互动的方式，进一步巩固新人民商亲场民形象的创意活动。

第二部分
方案执行

"高跟鞋女王争霸赛"活动通过以下三个篇章在《十堰晚报》进行全面诠释。

第一篇：高跟鞋女王争霸赛（上篇）
时间：2012年2月22日
版面：全彩铜版纸
本期主题：足下生辉，挡不住的诱惑

每双鞋都有它的表情，和人有异曲同工之妙，各种风格，不同款式，风情万种。很多时候，从鞋子就能够看出主人的性格。自信霸气的女王范儿，优雅朴实的田园女，洒脱自如的率性派，都有属于自己的潮鞋态度。要抢先看看本季最热的是什么款式的高跟鞋吗？马上跟我来！

时尚派：百变造型玩转职场

都说高跟鞋每增加一寸，女性的魅力就会增添一分。她们是世界上最有魅力的女人，从初时菜鸟到OL女王，工作所带来的绝不仅仅是财富，还有一股充满历练的成熟之美，让时尚

1 2012年2月29日《十堰晚报·第一消费》B06版
2 2012年2月29日《十堰晚报·第一消费》B07版

1 | 2

也变得充满职场味儿。

目的：展示适合职场穿着的女鞋

品牌：汤普、莱尔斯丹

汤普品牌简介：TOP GLORIA于1979年创始于台湾，以"时尚、经典、舒适"的高品质特色打响知名度。

莱尔斯丹品牌简介：印花元素不单单只是影响了2012年春夏的服装设计，也同样在女鞋方面表现突出。这款莱尔斯丹女鞋中就大胆运用了印花图案，透出一份浓浓的春意。

摩登派：婉约女人时刻倾心

每个女孩心里都有一双属于自己的"水晶鞋"，或高贵或典雅。都说高跟鞋是女人的象征，穿上高跟鞋的女子犹如一只昂首的白天鹅，向往着属于自己的蓝天。你心中是否也曾幻想过那双"水晶鞋"的模样？纤细的身材随着高跟鞋的嗒嗒声，每一记的响亮都宣告着自信与骄傲。

目的：展示充满时尚气息的潮流女鞋

品牌：思加图、卡斯高

思加图品牌简介：来自思加图的这款白色软羊皮高跟鞋，设计有优美的弧度与高耸的立跟，并在跟部装饰有施华洛世奇水晶，设计新颖。

卡斯高品牌简介：时尚的款式、经典的搭配和近乎完美的设计风格，诠释现代女性的时尚、高贵、典雅。

气质派：清新春季卓尔不群

女人的气质，或许与生俱来，但更多的是岁月的磨砺。这种神秘气息是女人获得爱情的催化剂。女人是制造温暖的精灵，弥漫在她们身上的那些情愫，丝丝缕缕，都可以拿出来悦人悦己。在这清新的春天里，你的气质不是一杯热茶、一朵玫瑰那样狭义，也不仅仅是男女之间的小情小爱，而是穿上一双卓尔不群的高跟鞋，做回你的气质女王。

目的：展示自然休闲的气质女鞋

品牌：1991、哈森、星期六、千百度、康莉、依迪夫人、伊伴

1991品牌简介：这款1991的象牙白色高跟鞋，鞋面是用缎面制作而成，鞋头点缀水晶花饰，纤细的立跟、娇俏的尖头、华丽光泽的缎面、复古的褶皱装饰，打造出不一样的时尚。

哈森品牌简介：品牌风格走现代时尚之路，追求整体的协调统一，以女性的简约、时

1　2012年2月29日《十堰晚报·第一消费》B10版
2　2012年2月29日《十堰晚报·第一消费》B11版

1	2

尚、高雅、品位为底蕴，配以精致点缀，在简洁的基础上求新求变，强调鞋类与服装的搭配与同步。

星期六品牌简介：由意大利设计师和国内设计师组成的公司设计研发团队，用新颖的设计款式对品牌的时尚流行做出了诠释。

千百度品牌简介：千百度品牌定位于高雅的生活品位和适度的追求，设计风格时尚、简洁、舒适而富有年轻活力，紧跟世界时尚潮流，具有欧陆风情。

康莉品牌简介：康莉品牌用浪漫、自我、儒雅的生活格调演绎着品牌的含义，为一系列康莉产品注入了近乎完美的设计元素，揉入了"似水流年，完美不变"的品牌文化内涵。

依迪夫人品牌简介：产品以"创造，而不是制造；作品，而不是产品；经典源至精心"作为设计理念，本着以"专门为所有爱美女性量身订制"为产品开发宗旨，其超前的香港时尚风格也深受爱美女性的青睐。

2012年3月7日《十堰晚报·第一消费》B04版

伊伴品牌简介：伊伴品牌以拥有敏锐流行触角的女性群体为目标顾客，色彩绚丽，跳动张扬，注重多样而精致的细节变化，推崇年轻时尚。

甜心派：甜美少女异域情调
目的：展示各种可爱风格的甜心类型女鞋
品牌：他她、森林公主、爱柔仕、太阳舞、索菲娅

他她品牌简介：今年蕾丝在服装中运用繁多，同样，他她的鞋子也十分中意甜美的蕾丝。

森林公主品牌简介：森林公主本着简约、舒适、时尚、典雅的设计理念，将每双鞋赋予情感的元素。

爱柔仕品牌简介：Aerosoles爱柔仕秉承着对顾客的承诺——在物有所值的基础上，兼顾时尚与舒适。

太阳舞品牌简介：太阳舞品牌鞋代表着运动、生活、时尚。

索菲娅品牌简介：索菲娅女鞋追求浪漫、舒适、健康，每一款鞋都有这个时代该有的气息。

率性派：率真有我足迹延续
目的：展示中性帅气风格的女鞋
品牌：CNE、艾酷、宝舒曼、欧罗巴、花花公子、梦特娇、富贵鸟

CNE品牌简介：CNE以舒适简约时尚的设计为主，既可上班又可逛街，适合年轻的上班一族。

宝舒曼品牌简介：设计皆出自欧洲设计名家，高贵典雅、舒适大方，既充满欧风复古的时尚风味，又能体现东方女人的秀气。

欧罗巴品牌简介：紧跟时尚的潮流，坚持优雅的品位，追求品质保证。

花花公子品牌简介：PLAYBOY的意译为时尚、风雅、快乐，致力于打造"永远流行，永远年轻"的内蕴。

梦特娇品牌简介：优雅、时尚、高品质舒适女鞋。

富贵鸟品牌简介：品牌定位为优雅、时尚、高贵，结合原有经典、职业、传统等基本属性，增加了关注度。

第二篇：高跟鞋女王争霸赛（中篇）
时间：2012年3月7日
版面：全彩铜版纸
本期主题：足下生辉，挡不住的诱惑

高跟鞋是衬托女性挺拔秀丽身段和时尚的元素之一，关于一个女人的回忆，人们只在乎三件事情：她最美的样子、曾经爱过的男人以及拥有的高跟鞋。对女人来说，高跟鞋就像是一把匕首，让女人征服自己骄傲的心。

王慧

"新潮、时尚，能展示自信和亲善的一面就是对的"

身高：176CM　职业：学生

兴趣爱好：打乒乓球、看医学类书籍

穿衣风格：简约大气

最近面临的问题：形体健美，如何善我工作，实习导致表现实词地

爱履情结：紧实健美的外形与剔透穿着体验的高跟鞋才能成为他的人喜

单品　CNE春夏系列正是实用讨喜的选择　宽面的拉紧带和皮革灰条编织的

鞋面既能保有步速度，又彰显修长设计感，和适应约时尚的设计，适合可上

演又能便的

最佳纯美之选：

甜心女王：CNE

CNE：兼情年轻跳跃、少女情怀的品牌写象，以轻

律築约时与的设计为主，适合年轻的上班一族

地址：六堰人民商场三楼CNE专柜

电话：8473730

安琪儿

"时尚就是挑展现自己最美的一面"

身高：168CM　职业：形象顾问

兴趣爱好：卷韩剧电影、阅读

穿衣风格：时尚休闲

最近关注的现象：北京有明言缮小学，没束们坚持写日记，做好事，让

人感动

爱履情结：小时候，大多数的女生都喜欢可爱的装扮，但是我和喜欢们

扮的干练。成熟。20多岁时，我现的外形喜欢收或然的棄莉款，一直到现在也是

有没变过　只下选，以容会见得顾眼的需忠都带于窗控的大样，能彰显出自

己的魅力，而现在会对光阳下的都分据出更为的棄水　下半半身看到的放大，

让会身尚它能省与自己的长级搭配，会更在意整体的设计构造

最佳至IN之选：

率性女王：康莉

康莉：浪漫　自我　流悦的生活情调为一系列康莉产品注入了

漫手记美的设计元素

地址：六堰人民商场三楼康莉专柜　　电话：8473671

时尚派：百变造型玩转职场

职场女人对鞋子的要求从来都是苛刻的，鞋子要美更要舒适，要找到一双适合自己的好鞋子，就如同找到了一个"百年难遇，千载难逢"的"好男人"！只有挑选适合自己的鞋子，才是最恰当的，就算再普通平凡，也能穿出属于自己的感觉。

目的：展示适合职场穿着的女鞋

品牌：AS、诺贝达

AS品牌简介：圆柱跟短靴为主要款式的AS 2012春夏女鞋系列，每一双都堪称艺术品。主要款式有两种色彩的蟒蛇纹短靴、缀满金色亮片的短靴、三种色彩的透明短靴、墨迹效果的透视短靴。

诺贝达品牌简介：坚持奢华、精致、典雅的风格，选用进口面料，精益求精，诠释现代人穿衣配饰的哲学。

摩登派：婉约女人时刻倾心

从中跟到高跟，从高跟再到超高跟，足尖的这份妖娆，总隐藏在女人性感娇媚后面，以胜利的姿态征服一切。这不仅是物理作用，能拉长小腿，挺拔身姿，更是化学反应，高跟鞋赋予了摩登女人高贵、性感、骄傲、自信的特质。

目的：展示充满时尚气息的潮流女鞋

品牌：STELLA LUNA、安玛莉

STELLA LUNA品牌简介：大多女人都喜欢拼色高跟鞋。STELLA LUNA采用水蓝色和裸色的拼色对比。

气质派：清新春季卓尔不群

一双精美的高跟凉鞋是提升整体着装的性感法宝。女人在挺拔自信的同时，更加增添妩媚的女性性感气质。它让每个穿上它的女人摇曳多姿，无比性感。又到了一年中最花红柳绿的季节了，属于你的那一双高跟鞋，准备好了吗？

目的：展示自然休闲的气质女鞋

品牌：百丽、接吻猫

百丽品牌简介：百丽尖头鞋有着前卫新异、个性强烈的特点，纤巧细致，鞋头犀利地指向前方，给人一种雍容华贵的感觉。

接吻猫品牌简介：针对职业女性的不同需求，其产品分为职业之流行、通勤、正装和休闲等系列款式。

甜心派：甜美少女异域情调

做一个不折不扣的"森女"是很多女孩子的向往，只是光从服装方面下手不免显得有点单薄。今天就带领大家从鞋子下手，接近民族风、自然风的鞋子也许更适合自由、悠闲，喜欢用相机或录音机记录下生活点滴的"森女"们！

目的：展示各种可爱风格的甜心类型女鞋

品牌：WHAT FOR、天美意

糖果色系列是以20世纪80年代色彩丰富的复古风格为创作灵感的，代表着一种流行风尚。

率性派：率真有我足迹延续

Carrie说过一句经典台词："站在高跟鞋上，我可以看到全世界。"踩着10厘米的高跟鞋，穿着露肩的晚礼服，念叨着自己那句"爱情会逝去，但鞋子永远都在"的口头禅，摇曳在纽约街头的Carrie，成为现代都市率真女性的典型代表。

目的：展示中性帅气风格的女鞋

品牌：达芙妮·印象、百思图、森达、彼爱

达芙妮·印象的起源大概从古代帝王头上的流苏开始，近几年，却悄然爬上女装、围巾、鞋子的枝头，在T台大展风采。流苏鞋品不仅仅局限于长流苏直筒靴，在这个春天，你可以选择及踝短靴、短流苏木屐等多种样式。

第三篇：高跟鞋女王争霸赛（下篇）

时间：2012年3月7日

版面：全彩铜版纸

本期主题：凌空跨越的时尚之"履"

20世纪的好莱坞经典电影镜头：女主人公初次露面，一双带着质感的薄底细后跟高跟鞋首先翩然而出，接着一辆厚重古朴的老福特无声地疾驶而来，渐行渐远，渐行渐远，最后，福特在灯火辉煌的大厅门前戛然而止。车门被侍者戴着洁白手套的手拉开，一条勾人魂魄的美腿缓缓伸出，弧线流畅的高跟鞋伴着美腿的延伸，优雅地探向光滑闪亮的大理石地面。这，就是高跟鞋的风情！自从十堰人民商场"高跟鞋女王争霸赛"活动启动以来，5位来自不同时代的"女王"，在人民商场举行了一场穿越时间与空间的对决。最终花落谁家，赶快看看吧！

华丽之选：时尚女王VS AS

获奖感言：我是个不折不扣的鞋子控，春天来了，美美的高跟鞋各式各样、色彩斑斓、应接不暇，无不让我魂牵梦萦。AS简约、清新的风格能够突出女人的柔美细致以及独特的韧性，它就是这么神奇，真的可以让我"足"够美丽！

性感之选：摩登女王VS STELLA LUNA

获奖感言：穿上STELLA LUNA鞋子行走会让我有一种优越感，在街上走路的时候，姿势会更加性感一些；去咖啡馆和patry的时候，会跷起二郎腿，幸福感就这样从脚底传递到身体的各个部位。STELLA LUNA女鞋散发着一种原始的感性，充满了时尚的魅力，它承载着我的梦想，我爱它！

优雅之选：气质女王VS SENSE1991

获奖感言：我不喜欢装饰华丽的高跟鞋，喜欢独具魅力的高跟鞋。SENSE1991的舒适与线条，让我感到很满足，也会觉得很幸福。就算是穿着普普通通的衣服外出，我也会自信满满、心情愉悦。看着柜台上各式各样的高跟鞋，很难立刻寻找到一看就让我叫道"啊，就是这双"的鞋子。然而，SENSE1991不同，能让我眼前一亮、为之惊叫。在她面前，我练就了一双慧眼，总能挑选出自己想要并且适合自己的鞋子。

纯美之选：甜心女王VS CNE

获奖感言：兼具甜美的外形和舒适穿着体验的高跟鞋才能成为我的必备单品。CNE春夏系列正是这样一个实用好看的系列。宽面的松紧带和皮革混合编织的鞋面既能保证舒适度，又彰显独特设计感。同时，简约时尚的设计，让人既可穿着上班又能逛街。

至IN之选：率性女王VS康莉

获奖感言：小时候，大多数女生都喜欢可爱的装扮，但是我却喜欢干练、成熟的装扮。很多女孩在少女时代一定都穿过雪地靴，而我却从来没有穿过。20多岁时，我就开始喜欢成熟的康莉鞋，一直到现在也没有改变过。只不过，以前会觉得鞋跟的高度和鞋子前脸能显示出自己的魅力，现在会对更细节的部分提出更高的要求。不单单看鞋的款式，而且还会考虑它能否与自己的衣服搭配；不会很在意鞋跟的样子，或是鞋前脸的形状、颜色、装饰是否华丽，反而会在意它整体的设计构造。

这是一场思想的盛宴，也是一次创意的初吻。

很多时候，当我们看到一个新奇的事物还在迷惑此乃何物，旁人一语道破，恍然大悟的一瞬间可能就是产品创意显现的时候。

实施时间： 2013年"五一"前夕

核心策略： 婚礼年代秀

创 新 点： 摒弃常规的自我营销模式，用诚意完成一次卓有成效与美誉的传播。

2013五堰商场婚礼年代秀策划案

穿越时空的爱恋

□ 郭艳丽 张小溪

沉舟侧畔千帆过，病树前头万木春

仅仅10年功夫，我市商业格局发生一系列巨变：车城商场整体破产，裕华商场被拍卖，海洋商场房产被十堰太和医院购买改为儿童医院，顾家岗东方商厦被人民商场收购，花果购物中心几度调整后被迫拍卖资产，京华超市与北京新合作联合……

此消彼长，发展才是硬道理！

2010年，新五堰商场完成原址重建，营业面积增长8倍，达到近7万平方米，无论是营业面积、购物环境还是商品品类，在十堰百货行业首屈一指。

时隔2年后的2012年，人民商场借助资本的力量华丽转身：一期营业面积达10万平方米，购物环境比肩一线大城市，强势宣布：我才是十堰商业的旗帜！

浓绿万枝红一点，动人春色何须多

任何营销手段的推出，最重要的目的是获得市场认可。

在竞争如此激烈的市场态势下，五堰商场如何扬长避短，赢得自己的一杯"羹"？

我们清醒地认识到，从商品品类、商品质量、服务质量等方面看，五堰商场与一线商场相比没有明显优势；从卖场规模、卖场环境看，空间一度受限，停车难使人望而却步。然而，五堰商场的优势同样明显：商场所在的五堰步行街有40多年历史，是十堰城区发展最早、规模最大、人流量最多、商业体系最完善的商业街，也是十堰城区唯一一条集购物、休闲、文化、娱乐、餐饮、商务、居住于一体的综合性商业步行街。

因此，深入挖掘五堰步行街的文化内涵，在良好的群众基础上，选择更加细腻、更加触动内心的淳朴感情路线，这将是身为五堰步行街商业"龙头老大"的五堰商场的必由之路。明晰了这一点，我们立即行动起来！

2013年文化牌没有争议地成为五堰商场营销利器。文化牌的方向是定了，新的问题又出来了。什么活动才是有文化的活动？

活动策划阶段正处于"五一"结婚高峰前夕，婚俗主题在众多提案中脱颖而出。

选中婚俗提案，是基于一系列的优势：

天时："五一"做婚俗主题的文化活动，将成为关注的焦点。

地利：五堰步行街每天一二十万的人流量，文化活动的传播效果无法估量。

人和：结婚是人生中的重大事件，婚俗自然也就成了老百姓最关注的话题。婚俗文化有悠久的历史、良好的群众基础。

选择最贴近市民的传播载体和传播方式，凝聚商场传承几十年的"亲民情结"，"找到对的人，办了对的事"———切自有原因。

两岸青山相对出，孤帆一片日边来

道成品牌。既然婚俗文化成为不二的市场选择，那么接下来我们将对以下系列问题进行一一梳理：

如何对婚俗文化进行价值定位？

如何进行深入挖掘？

如何通过婚俗文化撬动市场？

如何直接切入消费者期待更高的心理需求、情感需求？

如何在此基础上展示人性的商业？

……

种种思虑，种种疑问，像一副花色各异的扑克牌摆在面前。为把隐性优势转化为显性优势、把分享的优势变为独享的优势，我们精心推出了五个年代的婚礼秀，婚礼年代秀故事情节穿越五个不同的时代，选取有时代特征的人物、事件作为背景，结合时代婚俗礼仪，给五个时代的婚礼打上具有时代背景的标签。

一、婚礼秀打上时代烙印，真爱穿越时空

1. 古代古典婚礼秀：唐伯虎迎娶秋香

中国古代婚俗有着悠久的历史，婚俗也是林林总总讲究颇多。中国是礼仪之邦，在古代婚俗中就有众多的体现：如迎亲、跨马鞍、跨米袋、撒五谷、射轿、拜堂、却扇之礼、结发之礼等礼节。

1	2	1 新娘跨米袋
	3	2 迎亲巡街
		3 却扇之礼

2. 20世纪二三十年代婚礼秀：许文强迎亲冯程程

20世纪二三十年代最浪漫的婚礼就属海派婚礼，十里洋场是各种文化交流冲突的地方。为了制造看点，选取《上海滩》这部电视剧里人尽皆知的人物许文强和冯程程，在今天的舞台上成就一段佳话……

1 ┃ 2

1 20世纪二三十年代上海街头的报童和烟童
2 礼毕合影

3. 20世纪四五十年代农民婚礼秀：黑土迎娶白云

20世纪四五十年代是物质比较匮乏的时期，农民的婚俗最能反映那个时代的特点：蓝褂子、花棉袄，乡亲们帮忙、村长主婚，一只羊就能当聘礼……

1
—
2

1 黑土白云迎亲巡街
2 村长证婚

4. 20世纪六七十年代军人婚礼秀：石光荣迎娶褚琴

20世纪六七十年代，军婚是很多女孩子内心的憧憬。《激情燃烧的岁月》是一部家喻户晓的热播剧，选取石光荣和褚琴做主角，事半功倍。

1 新人结婚
2 新人巡街互动

二、场景与陈列互动，历史与现代对话

1. 古代古典婚礼秀场：美女指尖的古典音符

美女古筝表演

2. 20世纪二三十年代婚礼秀场：精致生活背后的小时代

3. 20世纪四五十年代农民婚礼秀场：简单朴实的家

4. 20世纪六七十年代军人婚礼秀场：具有时代感的军人之家

新娘学习毛主席语录

5. 20世纪八九十年代集体婚礼秀：拥有三转一响的殷实小家

身着海军衫的演员与大家互动

三、媒体推波助澜，五商劲吹时尚风

1. 古代古典婚礼秀广告推广案：剪纸画的时代印记

2. 20世纪二三十年代海派婚礼秀广告推广案：怀旧海报的时代印记

3. 20世纪四五十年代农民婚礼秀广告推广案：卡通动漫的时代印记

4. 20世纪六七十年代军人婚礼秀广告推广案：老照片的时代印记

5. 20世纪八九十年代集体婚礼秀广告推广案：新潮时代印记

6. 五个婚礼秀舞台背景：记录五个时代印记

1	2
3	4
	5

1　古代婚礼秀

2　20世纪二三十年代婚礼秀

3　20世纪四五十年代婚礼秀

4　20世纪六七十年代婚礼秀

5　20世纪八九十年代婚礼秀

明 道 篇

　　活动之热烈、群众之追捧、士气之高涨……现场衍生并迸射出的种种迹象、市民茶余饭后的讨论、媒体的互动与微博的热议，一切出乎意料。

　　很多市民回顾自己的婚礼、父辈的婚礼、姥姥姥爷的婚礼，一场婚礼秀，唤起不同年龄层次的人们对不同年代婚礼的动人回忆，掀起一股对于年代婚礼的怀旧风潮——

　　对于年轻一代而言，对中国婚俗文化的了解，在好看、好玩、有趣的婚礼年代秀现场，以"寓教于乐"的方式，无形中更加深入，对婚礼和婚姻产生神圣感。

　　对于媒体来说，婚礼年代秀不仅在"五一"假期为市民提供了一场别开生面的视听盛宴，出于文化媒体的使命感与责任感，在策划与执行环节中注重文化概念的严肃性以及文化内涵的丰富性，通过老物件的搜集，还原年代历史感，通过文本的慎重与创意，使得婚俗文化的呈现更加活泼有趣，为市民所喜闻乐见。在这样的过程中，唤起人们对年代婚礼的记忆与怀念，重温传统民俗与屏幕经典，在潜移默化中达到了文化的传播效果，践行了文化媒体的责任与使命。

　　对于商家来说，文化搭台，经济唱戏，婚礼年代秀以丰富的文化缔造良好的经济效益与社会口碑，有力拉动了五堰商场的销售，在市民中获得了广泛好评，五堰商场的品牌价值也得到了进一步提升。同时活动在新华网等20多家新闻网站转载，传播效果的价值无法估量。

　　有识之士更是指出，婚礼年代秀拉近了人与人之间的情感与信任，以崭新的形象为企业与社会注入一缕清新的空气，摒除常规的企业自我营销行为，用心意用诚意完成了一次卓有成效与美誉的传播事件！这不是简单地将产品信息传达给消费者，而是将品牌的诉求带入消费者的生活和情感中，成为消费者生活方式的一部分；这不是单纯追求对商业行业的占位，而是站在行业高度的战略性定位，是一次以节日为契机的品牌内涵上的升华，显出了五堰商场与生俱来的大度与豪情，使五堰商场在品牌战略上表现出绝对强势的战略高度。

讨喜烟的李大爷

活动在全国的影响力空前

1. 新华网头版大照片新闻

http://www.xinhu_Hlt355336244_Hlt355336244_Hlt355336245_Hlt355336245anet.com/

2. 新民网转发

http://news.xinmin.cn/shehui/2013/05/03/20_Hlt355336734_Hlt355336734_Hlt355336735_Hlt3553367350531511_5html

3. 中国青年网转发

http://news.youth.cn/sh/201305/t20130503_3177689.htm

4. 其他转发媒体

南昌新闻网、东北网、南方科技网、中国家家网、东湖社区、东南网等国内20余家网媒。

唐伯虎婚礼、许文强婚礼、石光荣褚琴婚礼……

婚礼年代秀 带你体验"爱的穿越"

《十堰晚报》婚礼年代秀

刚需报告其实就是吸引受众的一个圆心，圆心的优势在于，让消费者找准"我要买"、"我必须买"、"我一定会买对"的信心点、亮点。

案　　例："金九银十"刚需置业报告

实施时间：2011年9月28日

实施范围：十堰市及周边县市

核心策略：变"大片撒网"为"精准营销"

创 新 点：巧用"刚需"字眼，以"消费者"的名义
　　　　　吸引"原本想要吸引消费者"的商家。

2011年"金九银十"刚需置业报告策划案

圆心的优势

□杨晓华

封面

第一部分

背景：楼市几宗"最"

　　最严厉的楼市调控：2010年4月14日，温家宝总理主持召开国务院常务会议明确提出，要坚决遏制房价过快上涨。在之后的两个月内，密集的调控政策让疯狂的楼市降温，这是中央第一次通过经济、法律、税收和政治等综合手段，对中国房地产市场进行的迄今为止最全面、最到位的整顿，被称为"史上最严"的楼市政策调控。

　　最坚挺的开发商："买涨不买跌"这个现象已经在房地产界盛行十多年而不衰，开发商似乎看准了"即便真的降下来，购房者也不会买"，所以，在观望情绪浓厚、成交量大幅下跌的背景下，开发商依旧声称"手里不差钱，能扛得住"。

　　最揪心的十堰房价：房价，最能代表房地产业发展状况的关键词，而这个关键词，早已远远冲破中国老百姓的购买极限。一系列"组合拳"没能准确击中十堰的房价，虽然总有人说十堰不是"房价过高"城市，但目前的房价让人"望房兴叹"却是不争的事实。

　　最纠结的购房者：在房价"高不可攀"的时代，疯狂、郁闷、无奈、无辜，这些无关褒贬似乎是叠加在所有购房者身上的关键词，仿佛魔咒一般如影随形。买房还是留金？这是一个问题！

第二部分

策略：搭建一个"知己知彼"的平台

2009年，房价在宽松的信贷政策下大幅飙升。2010年，"政策调控"成效蔓延中，十堰房价依旧上扬。2011年，随着调控政策的不断加码，楼市逐渐进入"冰冻期"，投资客淡出市场，而因为居住情结的困扰和不受限购政策的影响，刚需族成为不折不扣的市场主力。因此，抢夺"刚需"已经成为众多房企的首要目标，在买方市场的环境下，究竟哪盘菜才能对上这些"刚需"的胃口呢？媒体有必要及时为开发商和众多刚需受众搭建一个"知己知彼"的平台，《刚需置业报告》就此出炉。

有一点必须明确，一份刚需报告，其实就是吸引受众的一个圆心；圆心的优势在于，让消费者找准"我要买"、"我必须买"、"我一定会买对"的信心点、亮点。

第三部分

操作：细节决定成败

一、特刊设计

封面设计：以"文件袋"的展现形式，加深"报告"在人们心中的形象认知。

版式设计：以富有中国特色的青砖院墙画面为报眉，在页面效果上能起到点缀内容的作用，同时也比较符合中国人对"家园"的审美特性，亲近感油然而生，有利于新闻内容及广告内容的传播。

内容排版：将单薄的统计数据以"饼状图"形式展示，将呆板的"在售项目"表格配以精美效果图，这些小细节的变换处理，使"报告"内容一目了然，视觉冲击力更强。

二、内容安排

观点篇：以业内知名人士的话语为引，以此体现特刊的高度及专业性。

调查篇：根据调查显示结果予以分析归纳，让新闻更具事实依据，同时也有效与消费者互动起来。

市场篇：展示行业现状，为购房者提供合理购房建议。

购房篇：从开发商和消费者的角度分别阐述，让消费者真实了解房地产市场现状。

热点篇：根据项目需要找寻适合在当下展示的精品楼盘。

动态篇：传递楼市最新资讯。

导购篇：将全市在售楼盘均价、绿化率、位置、户型、优惠信息等由表格变为配图简介，为客户提供增值服务。

具体来讲，"金九银十"刚需置业报告的"圆心"要对准以下定位：

"金九银十"刚需置业报告·市场篇

数量——目前十堰有多少刚需置业者？他们青睐多大的房子？总价为多少？

定义——刚需的定义是什么？刚需是相对的。当房价远远超出刚需者的心理承受能力，刚需就被抑制了。

特征——十堰楼市购买力有什么特征？城区刚需购房、县市进城购房、返乡置业人群、学区购房、投资购房……

调查——消费者置业目的调查。首次置业/改善需求/投资需求/投资兼自住/其他，调查将在秦楚网、《十堰晚报》同时开展。

预期——购买力调查（附调查问卷）。

各方观点：开发商——出货还是惜售？消费者——出手还是观望？

"金九银十"刚需置业报告·产品篇

XX（数量）盘齐齐打响刚需争夺战，刚需置业者需多看精选注重品质。

"金九银十"有多少楼盘开盘或加推？（记者调查/描述）

各楼盘市场表现

1　观点篇
2　市场篇

| 1 | 2 |

刚需置业心理（从容？淡定？漠然……）

"金九银十"出货之道VS置业技巧（采访各方观点）

谁在顺势出货？谁在高房价上死扛？

"金九银十"主推大户型项目（名称/主力户型面积/入市时间/位置）

"金九银十"主推中小户型项目（名称/主力户型面积/入市时间/位置）

"金九银十"刚需置业报告·购房篇

各盘蓄客促销花样繁多，刚需垂青大盘第一批次，蓄客大战拉开。

顺势出货者：以价换量成共识。

如何看待现阶段打折促销降价现象？

①真降还是假摔？②打折促销不等于淡市。③品牌房企既要做大鱼又要做快鱼。

年度最佳购房时机是否到来？（采访社会人士，听取各方观点）

"金九银十"刚需置业报告·热点篇

从规模/品质/品牌/定价等方面解剖热销楼盘——阳光·栖谷畅销原因。

从业主之说、开发商释疑、事件真相等方面还原焦点楼盘——凤凰香郡群诉事件真相。

"金九银十"刚需置业报告·动态篇

一周地产报告、楼市快递，可是软文，亦可是简讯。

"金九银十"刚需置业报告·导购篇

楼盘分布地图。

片区或路段楼盘信息（名称/入市时间/主力户型/优惠措施等）。

三、多渠道联动

挖掘消费者参与热点，在有效互动的同时充分运用现有资源，启动多方位的媒体宣传，扩大特刊的影响力。

第四部分
问卷调查环节

调查时间：2011年9月18—25日

发布媒介：《十堰晚报》、秦楚网

调查意义：为晚报接下来要推出的"金九银十"刚需置业报告提供真实、可靠的数据参考。

调查内容：

亲爱的读者：

9月28日，《十堰晚报·楼宇周刊》将推出特别企划"金九银十"刚需置业报告，告诉您一个客观、真实的十堰楼市。为了更好地为您服务，当好您的置业参谋，让市场提供更多、更理想、更适合您的房子，我们需要您提供这方面的意见。您的真实想法，对整个市场健康发展都将起到巨大的推动。感谢您在百忙之中抽出时间，对您的帮助我们深表感谢，同时您将成为我们的团购会员，将来在您购房时会有意想不到的惊喜。

您的姓名？您的电话？您的电子邮箱？

来信请寄人民中路58号十堰日报社二楼收，请在信封的右上角注明"置业调查"字样；或者直接编写以下10个问题的选择序号发送至616371036@qq.com电子邮箱，如1、c；2、a等；也可以于9月18日后登陆十堰家园网首页直接填写提交。截稿日期为9月25日。

1、调控背景下，您年内会买房置业吗？

a、会买房，调控已经抑制了房价上涨的速度　b、观望，等几个月趋势明朗再说

c、不会买房，相信房地产调控还有重拳

2、您若买房，您购买的目的是____

a、首次置业　b、改善性居住需求　c、投资需求　d、投资兼自住

e、其他

3、您若买房，打算买多大面积？

a、60平方米以下　b、60—90平方米　c、90—110平方米　d、110—140平方米

e、140平方米以上

4、您若买房，打算选什么户型？

a、一室一厅　b、两室两厅　c、三室两厅　d、三房以上

5、您若购房，您所能承受的总价是____

a、50万以下　b、50万—80万　c、80万—100万　d、100万以上

6、您若买房，您所能承受的单价是____

a、5 000元以下　b、5 000—6 000元　c、6 000—7 000元　d、7 000—8 000元

e、8 000元以上

7、您若买房，最看重____

a、地段　b、小区环境　c、开发商口碑　d、物业管理

8、您打算购买的住宅类型是____

a、高层　b、小高层　c、多层有电梯　d、多层无电梯

9、您希望购买的住宅装修标准是____

a、全毛坯　b、提供一般装修　c、厨卫高档装修，其他毛坯

d、开发商提供多种套餐买家选择，另付装修费　e、精装修

10、您获得房地产广告的主要来源是____

a、《十堰晚报》　b、户外广告　c、电视广告　d、广播　e、朋友转介绍

f、网络广告　g、其他DM广告

第五部分
特刊效果评估

楼市调控之际，"金九银十"刚需置业报告应该是一份市场晴雨表，不仅为购房者提供极具参考价值的合理建议，也深深影响地产开发方向，更为企业应对市场变化、适时调整产品形态提供可靠信息。

2009年湖北（十堰）精品楼盘巡展是一次具有积极意义的尝试，在整个业界普遍认为市场低迷的情形下，将一个很平常的活动，在一个正确的时间段，放在一个正确的位置，打了一个漂亮的突围战。活动落幕后的两到三年间，多个参展项目依然因此受益。

策划案例：2009年湖北（十堰）精品楼盘巡展
实施时间：2009年7—9月
实施范围：十堰市及周边县市
核心策略：四县巡回，"三好"（好房汇好优惠好机会）房展
创 新 点：在2009年楼市低迷的大环境下，为十堰楼市突围开启一扇门

2009年湖北（十堰）精品楼盘巡展策划案

经济危机下的楼市突围

□杨晓华

要砍柴，先磨刀

历史研究学者爱以关键词纪年。如果要给2009年选取关键词，"经济危机"必为其一。2009年，来自美国的次贷危机让常常感叹"地球村"、"经济全球化"的人们，深刻感受到了"一荣俱荣，一损俱损"的本质。

作为经济发展前沿板块的房地产业界，在这一年开年即受重创。不断下滑的成交数据，让"寒冬"成了这段时间最常"出镜"的词汇。市场缺乏销售激情，广告萎靡可见一斑，如何在这样的市场行情下，通过策划扩充媒体产品线，带动广告投放，是活动策划人始终思考的问题。

作为平面媒体，版面的闲置就等于资源的极大浪费。加之一直到2009年7月初也不见一抹阳光的市场形势，让策划人深感焦虑。恰逢此时，一个不经意的信息传入十堰日报传媒集团广告中心房产部活动策划人耳中：近期，县市区入市购房数据呈现持续上升的态势。

利用房地产的区域性特性做文章，精耕市场，带动小范围的回暖，应该是当前形势下用以破局的不错选择。由此，县市地区房展活动进入策划人眼帘。

《楼宇周刊/重点》B02版

抬头看天，做思想的巨人

在商言商，对开发商而言，市场逆境下的经费使用虽说没有到锱铢必较的夸张程度，但精细化使用的情况远胜往昔。没有真材实料，如何能打动开发商？

鉴于此，策划人经过比对分析，整理出以下思路。

城区相比县城具有无可比拟的置业优势

市区之于生活，意味着成熟商圈带来的舒适环境；之于孩子，意味着优质资源带来的高质量教育水平；之于工作，意味着更多可见的从业机会；之于创业，意味着诸多的商机。而最便捷地融入到城区的途径，莫过于在都市拥有一套自己的住房。

县市市场，一块未曾精耕的处女地

到城市买房，已经成为越来越多渴望融入都市化生活人群的安居梦想。然而受各种各样可见或不可见的因素影响，城区内的房源信息无法有效到达周边区域消费者手中，周边区域消费者的置业需求又得不到满足，市区房产信息与周边地区的购房需求"断档"问题日益凸显。

县市人群入市置业的经济基础基本成熟

改革开放后，一大批人率先富裕起来。县市区的房地产开发模式无法满足这部分人群的置业需求。

在与开发商的洽谈中，以上观点一经抛出立刻引起了开发商的关注。为了进一步打动客户，在随后的宣传推广、活动执行及人气维系上，策划人煞费苦心，最后获得了开发商的认可。

上门推卖点，迎来大突破

立体营销，提前预热

为增强活动宣传效果，策划人采取了多方出击的宣传模式：活动期内在区域内主流媒体推出多频次、多角度、多形式的宣传；在活动当地县市区提前一个月启动电视宣传；提前一周在各县市繁华主街区启动喷绘、海报、条幅宣传，提前两天启动游车宣传。通过以上形式，使活动信息实现最大范围的覆盖。

为了进一步扩大宣传效果，全国知名策划人吴鹏飞为本次活动友情智力输出《各县人士到十堰安家的一百个理由》文案，一经推出即收到县市市场的良好反响，使活动保持了极高的人气。

B2

楼宇周刊

2009 十堰精品楼盘县市

新城贵胄

【综合评语】

"海"韵君临　自成一品
汇聚十堰　独秀全城

■楼盘解读

■楼盘概况

■配套设施

大隐之士

【综合评语】

全栖星光动一城
全生态秀色可餐

■楼盘解读

■楼盘概况

■帮配设施

青春脉动

【综合评语】

青春气度激越洋溢
俏丽风范落落大方

■楼盘解读

■楼盘概况

■配套设施

全程代办，保证效果

举行这样一场时间跨度长、地域间距大的大型活动，参展商的顾虑很多，仅以销售道具中的沙盘为例：不带，干瘪空洞的语言与信息丰富的模型相比，缺乏推介力度，难以给客户留下相对直观的印象；带，庞大的体积、较远的距离、繁杂的安装过程，是个不小的困难。为了消除开发商的顾虑，确保展会的质量及效果，最终明确本次活动中开发商的食住行等问题由组委会统一安排，所有参展设备及设施的托运及安装问题，也交由活动组委会统一处理。

巡展至房县时，狂风暴雨突然"光顾"巡展现场。几乎是一瞬间，数个展棚被风直接"拔起"，落到了数米外的绿地上。一位工作人员事后回忆："没想到当时的风会那么猛烈，几个人拽一个展棚都站立不稳，只能眼睁睁地看着大风肆虐。"金属展棚折损大半，宣传喷绘散落一地，楼盘单页被雨打湿，木质展框七零八落……

大雨持续20分钟后停下，在综合考虑了现场情况后，工作人员决定推迟开展时间。后经紧急商讨，在权衡整个巡展的进度及天气因素后，工作人员于18：00决定再次布展并如期开展。

此时，距原定20：30的开展时间只有2个半小时，可现场的大型喷绘出现了不同程度的损毁，十余个金属展棚也坏了近一半，多家参展商的宣传资料被雨水打湿。怎么办？只有迎难而上！30分钟过去了，散落一地的宣传物品被安放到位；1个小时过去了，金属展棚和木质展棚被修复和安装到位；2个小时过去了，长15米、高7米的巡展大型主题喷绘上长达数米的多处裂口被逐一修复……

晚上20：00，布展再次完成。

20：30，开幕式如期举行。虽然广场上积水深及脚跟，但并没有影响到房县居民的热情，现场人头攒动，近千人到场观看开幕式及精彩的文艺表演，还有不少人围在参展商的展台前咨询购房事宜。

艺演留人，售房"唱戏"

在销售的推介环节，客户多一分钟停留意味着多一次卖点阐述，进而是多一分打动客户的机会。如何聚集人群留住人，进而增加参展商与客户群体的沟通？策划人利用盛夏消夏的特点，组织了数个艺术团队进行艺术汇演。丰富的节目类型，精彩的节目内容，不管是舞台上一段诠释人居理念的激情舞蹈，还是一嗓子烘托气氛的高亢演唱，抑或是以楼盘信息为道具的简单魔术表演，带给竹溪、竹山、房县群众的，绝不仅仅是一场表演那般简单，它们将受众牢牢吸附在了活动现场。

精心分区，有备而来

任何一场活动的成功举办，都离不开周密、可行性的策划。活动营销，就是在项目既定的阶段通过种种方式对广告加以补充和升华，使得项目更具销售力和竞争力。2009十堰精品楼盘巡展作为一项精准的活动营销，为低迷的楼市注入一针强心剂，有效助推市场，引起了客户的极大关注。活动组委会分区为楼盘定位，使很多有备而来的客户迅速找到关注点。

分区一：交通·楼盘

调查显示，交通中转需求是县市置业群体的一个重要特征。随着福银高速、襄渝铁路复线建设步伐的加快以及十宜铁路、襄天高速、十房高速、武当山机场等一系列重点交通项目的立项或启动，十堰将初步形成水、陆、空立体交通新格局，成为连接华中、华北、西北、西南地区的重要交通枢纽。

正因为如此，许多县市置业者因十堰的交通前景而选择置业城区。在火车站板块的一些中档楼盘的选购者中，不乏有看中交通位置而在此购房的县市居民。陈女士是郧西人，2006年购买了十堰老街某楼盘的一套房子，用她的话说，"离火车站近，儿子回来就到家了，出行方便得很"。事实上，这也正是本次巡展众多潜在客户的置业目的。房县城关镇的李先生说，十堰在交通上的优势有目共睹，未来的交通出行无疑会更加顺畅。"听说要举行精品楼盘县市巡展活动，第一反应是好事情。如果不出意外，我会在本次巡展上出手，选择一处交通便利的楼盘自住。"

分区二：教育·楼盘

优质的教育资源也是吸引县市置业群体的重要砝码。

纵观十堰本土教育资源，现有中小学校1 000多所，大学5所(除武汉外，高校数量和质量都领先于湖北其他市州)，中等专业学校30所。基础教育中的人民小学、实验中学、十堰市一中、郧阳中学、东风高级中学以及高等教育中的湖北汽车工业学院、湖北医药学院等都有着绝对的吸引力。

朝阳路板块中的水印澜湾、领秀朝阳、泰山·阳光庭院，新城板块中的上海城、东方明珠城市花园堪称教育楼盘，丰富优质的基础教育资源触手可及。刚刚入住水印澜湾的竹山籍业主李先生的购房目的就是孩子能上好学校，"小区属于人民小学招生片区，这样孩子就可以享受到十堰最优质的基础教育，在这里买房子很值"。郧西籍的金小姐大学毕业后回家乡教书，最近一直在和家里人考虑到十堰城区购房，"县市楼盘巡展刚好契合了我们的置业需求，希望郧西站能够早日举行"。

分区三：健康·楼盘

十堰市拥有三甲医院4所，二甲医院10所，试管婴儿、器官移植、冠脉搭桥、骨髓移植、断肢再植、各种放射介入治疗和腔镜诊疗术得到广泛运用，达到国内先进水平。整体医疗水平处于区域前列，4家三甲医院已成为四省市毗邻地区疑难重症诊疗中心。因此，就医也成为相当一部分县市居民在城区置业的首要考虑因素。

竹溪籍周先生2007年在东岳路某楼盘购置了一处房产，"父母为我们操劳了一辈子，现在该是他们享福的时候了，可身体状况却不容乐观。所以，当自己具备了在城区置业的能力时，首选的就是医疗资源便利的楼盘。我的房子距离人民医院仅几百米，这让我对父母的健康保障有了极大的信心"。郧县籍吴先生也是一名准置业者，"我对健康问题非常关注，因此也倾向于选择医疗资源丰富的楼盘，这次巡展我会仔细遴选出适合自己的楼盘。家住十堰是我的梦，县市巡展将给我圆梦的机会！"

《楼宇周刊》

别人不做我做，就是差异

　　巡展过程中组委会发现，到访者基本上是改善型需求者，投资型的相对较少。在改善型需求中，有的是为了能够让孩子享受到优质的教育配套资源优势，有的则是提升个人的生活品质和人居水准。不可否认的是，有很多客户的置业动机是多重的，比如交织着对教育配套、生活品质、健康医疗以及人生境界等各方面的追求。不可否认的是，鄂西生态文化旅游圈和十堰区域性中心城市的打造，带给十堰城区乃至五县一市的影响不仅仅是交通层面上的利好那么简单，更为深刻的则是城镇化进程的加快以及大十堰格局下的品质人居生活。追根溯源地看，自2007年年初，十堰楼市中的县市置业者开始逐渐增多。放眼国内，农村迁往城市，县市迁往地级市，地级市迁往省会城市，轰轰烈烈的中国城市化进程让县市置业者涌入城市。十堰正处于城市化进程的高速发展时期，县市人群在我市的置业比例一路走高，县市客户无疑成为重要增长极。

事后盘点，活动获得了意料之外又是情理之中的双赢结果。活动的策划组织方获得了不错的经济收益，活动的参与方也积蓄了可观的客户量，有多个活动的参展商在活动结束后的两三年内持续受益。本次活动除了打破市场僵局、获得客户广告投放的主动权、创造不错的经济效益外，更重要的是在客户心中塑造了媒体认真、负责的形象，将一个很平常的活动，在一个正确的时间段，放在了一个正确的位置，打了一场漂亮的突围战。

《楼宇周刊》B02版

　　2010湖北房地产（十堰）年度总评榜不是一次简单意义上的评选，而是一个房地产精英较量的战场，是一场房地产企业共襄的盛会。它见证和记录了十堰房地产2010年的发展成就，成功地把属于十堰房地产界的成就推向更高更大的舞台。

策划案例：2010年湖北房地产（十堰）年度总评榜
实施时间：2010年10—12月
实施范围：十堰市及周边县市
核心策略：房地产行业及其从业者的年度盛会
创 新 点：借助"住交会"在全国的影响，评选行业榜样，树立行业形象，调动房企参与的积极性。

湖北房地产（十堰）年度总评榜策划案

角逐 "地产奥斯卡"

□ 郑荣英　杨晓华

背景优势

"湖北房地产年度总评榜"是由中国住交会湖北地区组委会和湖北日报传媒集团共同举办和打造的行业盛典，截至2010年已连续成功举办五届，是湖北省地产界最权威、最具影响力的评选活动，在业内享有盛名，有"湖北地产第一榜"、"湖北地产奥斯卡"之称。

2010年起，湖北房地产年度总评榜组委会特别授权十堰日报社作为十堰地区唯一代理申报机构，《十堰晚报》、《十堰日报》、秦楚网负责全程推广。

遵循湖北房地产年度总评榜从区域到全省的"层层遴选"原则，首先由《十堰晚报》、《十堰日报》、秦楚网在本地启动十堰推介活动，推介出代表当地最高水平的房地产企业、楼盘和优秀人物；然后，从中遴选更为优秀者参评2010湖北房地产年度总评榜候选榜；最终，组委会对当地优秀参选楼盘、企业、个人的资料进行严格审核，经过重重筛选，揭晓2010湖北房地产（十堰）年度总评榜，并举行隆重颁奖典礼。

参与意义

为何要参与这项活动？付出与回报能否对等？在前期摸底时，这个问题曾被每一位客户提出，其实答案很简单，那就是"名"的诱惑。

近年来，十堰房地产业发展非常迅猛，涌现出一大批优秀的地产项目。无论是房地产开发水平还是楼盘品质都得到了快速提升，其行业潜力和发展前景都令人看好。让企业发展壮大，让企业文化源远流长，是每个企业家的终极梦想。参与本次活动或许不会像平时宣传那样能够以价论质，但它带给企业、个人的荣誉无法用数字来衡量。

2010湖北房地产（十堰）年度总评，采取企业申报、读者和网友投票、专家评审等严格程序，评出代表十堰最高水平的房地产企业、楼盘和优秀人物，参与多项大奖的角逐。

规范操作：活动方案、参评邀请函、参评合同、申报表等，每一个环节都用书面的文件与客户做好沟通，这些规范性的文件是最有说服力的语言，客户会在内心认同本次活动重大、正规，很有必要参与。

执行亮点

精准招商：在活动开展初期，每一位客户服务人员对所服务项目都要有一个判断标准，并以此为客户推荐适合其参与的奖项，待活动全面上线以后，客户便会着重考虑被推荐的奖项。

量身打造：每个客户对自己的项目都有一个内心期许，这就需要活动策划者充分了解客户需求，在需求上下足功夫。此项服务最直观的体现在于奖项设置上，活动方根据不同项目的不同特点，量身为项目打造符合其实际的奖项。奖项符合实际，客户本身较为赞同，对消费者而言则更能直观地了解项目的优势。

公平竞争：本次活动特设专家、大众两个评审团，专家从专业的角度评判项目是否符合获奖标准，大众评审则从市民内心需求的角度来为各参选项目打分。两个评审团全程参与，公平公正，让活动更具可信度。

隆重颁奖：本次活动的最大亮点在于颁奖环节。多方协商后，最终选择在十堰市艺术剧院举行颁奖典礼。座无虚席的颁奖典礼在素有"曾旋风"之称的曾宪斌的讲座中拉开序幕，专业的学术演讲、优美欢快的颁奖乐曲、精妙的颁奖词让到场观众赞叹不已，最后的"最具贡献人物"颁奖环节，更是赢得了满场起立和一片喝彩声。

活动总结

2010湖北房地产（十堰）年度总评榜不是一次简单意义上的评选，而是一个房地产精英较量的战场，是一场房地产企业共襄的盛会。它见证和记录了十堰房地产2010年的发展成就，成功把属于十堰房地产界的成就推向更高更大的舞台。

值得一提的是，这次让所有参与者都翘首称赞的活动，是十堰日报社广告中心房产部的一次全新尝试。两个月的时间，推荐、评审、复审、公布、颁奖，这其中的每一步都是用细致铺就而成，如果要用一句话来形容本次活动的感受，那就是：借鉴，是最简单的学习方法！实践，是最深刻的记忆留念！

实施细则

1. 湖北房地产（十堰）年度总评榜推荐阶段（2010年10月25日—11月11日）

（1）发布入围企业条件、资格，企业自愿报名；

（2）《十堰晚报》、《十堰日报》、秦楚网推荐参评企业，并组织参评单位；

（3）组委会对总评榜报名单位进行初评，形成各奖项候选名单。

2. 湖北房地产（十堰）年度总评榜评审阶段（2010年11月12—26日）

（1）大众评审团开始全城招募；

（2）组委会对候选企业资格进行审查、资料收集；

（3）组委会整理、遴选所有参加推介的企业或项目资料；

（4）召开组委会总体评议会，形成入选总评榜的企业、项目、个人和营销代理机构的候选名单；

（5）网友、读者进行网络投票或短信投票，作为组委会最终评选参考。

3. 2010湖北房地产（十堰）年度总评榜强势宣传及获奖展示阶段（2010年11月27日—12月5日）

（1）组织众多媒体围绕湖北房地产（十堰）年度总评榜展开大型专题报道；

（2）获奖企业、楼盘及个人在各媒体进行展示宣传。

4. 2010湖北房地产（十堰）年度总评榜颁奖盛典（2010年12月6日）

（1）12月6日，在十堰市群艺馆举办2010湖北房地产（十堰）年度总评榜颁奖典礼；

（2）12月9日，《十堰晚报》推出年度总评榜特刊，秦楚网房产频道开设专题、专页公布总评榜获奖榜单，各媒体对总评榜进行全方位报道；

（3）2010湖北房地产（十堰）年度总评榜入围楼盘、企业、人物报省组委会，参与省总评榜竞选，并在本地保持持续不断的宣传热度，对入选省总评榜的楼盘、企业、人物进行大规模宣传，使之家喻户晓。

2010湖北房地产（十堰）年度总评榜活动奖项设置

奖项名称	奖项描述
房地产项目类	2010十堰最具影响力典范楼盘 2010十堰最佳绿色生态宜居楼盘 2010十堰最佳居住品质楼盘 2010十堰最佳城市综合体 2010十堰最畅销楼盘 2010十堰最佳商业地产 2010十堰最具投资价值楼盘 2010十堰最佳区域标杆楼盘 2011十堰最具期待价值楼盘 2011十堰最具期待价值区域标杆楼盘
房地产企业类 房地产人物类 房地产相关行业类	2010十堰房地产最具行业影响力企业 2010十堰房地产特别贡献企业 2010十堰房地产金牌物业管理企业 2010十堰建筑业最值得尊敬企业 2010十堰建筑业最佳承包商 2010十堰最佳建筑设计单位 2010十堰最佳园林景观设计单位 2010十堰房地产杰出贡献人物 2010十堰房地产新锐人物 2010十堰最佳室内装饰设计施工单位 2010十堰最佳装饰建材品牌卖场

新闻关注

[启幕]

你的房企是不是十堰最高水平的企业？

你的楼盘是不是十堰最具品质的项目？

你个人是不是十堰最具魅力的地产人物？

听，上述各项无上荣誉的评选"集结号"已经吹响，有着"湖北地产奥斯卡"之称的湖北房地产2010年度总评榜首次登陆十堰，兼精彩展示和荣誉见证为一体，含金量十足。令人期待的是，2010湖北房地产（十堰）年度总评榜区域优胜者届时将会代表十堰地产界参加全省乃至全国角逐，如此机遇怎能错过？

[意义]

对于很多地产企业和项目来说，总评榜的舞台既是一年一度的行业大比拼、大检阅，同时也具有十分重要的符号性意义。它不仅是企业和项目展示形象和成绩的最佳平台，也是整个湖北房地产界回顾过去、展望未来的重要历史时刻。

湖北房地产年度总评榜是由中国住交会湖北地区组委会和湖北日报传媒集团共同举办和打造的行业盛典，自2005年开始已经连续成功举办5届，是湖北省房地产业最权威、最具影响力的评选，在业内享有盛名，有"湖北地产第一榜"、"湖北地产奥斯卡"之称。

湖北房地产年度总评榜以评选年度"名盘"、"名企"、"名人"的形式，来梳理和回顾房地产业年度取得的成就和荣耀。几年来，不仅记录和见证了湖北房地产业的快速发展和明显进步，也通过标杆和典范的评选和树立，促进了行业的健康交流、和谐发展。

[渊源]

自2001年始，中国住交会推出中国房地产"三名"（名人、名企、名盘）大奖以来，包括王石、任志强、冯仑、潘石屹等在内的近百名地产领袖人物，万科、中海、保利、龙湖等数百家地产领军企业，奥林匹克花园、星河湾、碧桂园等近千个标杆楼盘先后登上了"三名"的领奖台。

2010年CIHAF中国房地产"三名"大奖评选模式进行全面创新，遵循从区域到全国"层层遴选"的原则，即首先由CIHAF中国房地产主流媒体联盟在全国各地区启动区域推介活动，推选出代表当地最高水平的房地产企业、楼盘和优秀人物，之后再从中遴选出最为优秀者参评年度总评榜。

中国住交会组委会将把各地推介的企业、楼盘和人物进行网上公示，并邀请相关领域德高望重的20余位专家、学者以及50家CIHAF中国房地产主流媒体联盟成员单位的负责人，本着"公开、公平、公正"的原则，对各地优秀参选企业、楼盘和个人的资料进行严格审核，最终形成CIHAF"名企、名盘、名人"推介榜。

据悉，2010年深圳住交会所有的"三名"（名人、名企、名盘）获奖企业都将载入中国房地产2010年"三名"系列丛书，丛书将在机场、

十堰晚报

住交会

T03

2010十堰地产力量年鉴
——2010湖北房地产（十堰）年度总评榜圆满落幕

大型书店等高档终端上架发行。湖北日报传媒集团《楚天都市报》作为50家CIHAF中国房地产主流媒体联盟的媒体代表之一，将全面负责湖北地区的"三名"推介活动，十堰日报社负责十堰地区的推介活动。

[设置]

2010湖北房地产（十堰）年度总评榜共设房地产项目、房地产企业、房地产人物、房地产相关行业四大类20多项大奖。采取企业申报、读者和网友投票、专家评审等严格程序，评出代表十堰最高水平的房地产企业、楼盘和优秀人物，参与多项大奖的角逐。中国住交会湖北房地产年度总评榜组委会的专家、学者评审团将对申报项目及企业进行审核评选，获奖者将由湖北日报传媒集团《楚天都市报》推荐，角逐湖北"三名"和中国"三名"，冲击更大奖项。

[互动]

自2010年11月12日起，2010湖北房地产（十堰）年度总评榜10人大众评审团开始全城招募。作为2010湖北房地产（十堰）年度总评榜的重要一环，大众评审团的设立旨在增加本次活动的透明度和互动性，招募总量为10人。要求评审员身体健康，有正当职业；对楼市有足够的热情和一定的见解；责任心强，能够公平公正地对参选地产项目做出客观评价；能够遵守组委会工作条例，接受社会监督。经严格评选，10名大众评审员脱颖而出，行业分别涵盖网络公司、汽车制造、法律、行政、零售、医疗、汽车销售、广告、化工、保险，本科学历占70%，职业分布为策划师、工程师、律师、公务员、销售经理、广告职员、公司文员等，平均年龄31.9岁。

颁奖典礼

2010十堰最具影响力典范楼盘：日盛·中央华府

六堰山的政治禀赋和自然本色，给了根植其上的日盛·中央华府跻身巅峰人居产品和建筑艺术作品最大的支撑点。

产品自身的影响力，比任何外界的影响力都有声、有形、有力。

2010十堰最佳绿色生态宜居楼盘：阳光·蓝山郡

2008年，阳光·蓝山郡的标志性意义，在于开创了十堰楼市首个高层低密度宽景社区。

2010年，阳光·蓝山郡决意在这一意义的基础上深度拓展，目标直指年度最佳绿色生态宜居楼盘。

T04

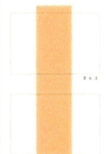

评审见证

2010十堰最具投资价值楼盘：东正国际

七年深耕，厚积薄发；博观约取，倾心钜献。

得益于北京北路的顺至通达和资源丰盈，项目三期首推组团MOCO最具投资价值，天鹅湖的湖岸生活哲学亦令人怦然心动。

2010十堰最畅销楼盘：凤凰香郡

凤凰锵锵，来仪香郡。

凤凰香郡，是2010年十堰楼市最具人气品质大盘标杆，拥有无与伦比的市场热力。

2010十堰最佳区域标杆楼盘：铸邦·红果林

"铸邦"之意，寄寓着铸邦地产的地产开发理想指向。

"红果林"之境，承载着铸邦地产的住宅开发理念实践。

铸邦·红果林的成功之处在于，其所处的红卫片区地产产品品质和区域价值均藉其得以快速提升。

2010十堰最佳区域标杆楼盘：名城港湾

名城港湾虽系地产闽派，然较于十堰兼容并蓄之质，并无不适。

2010十堰最佳人文社区：北京小镇

该项目以"小镇生活，以人为贵"为主题，秉持人文理念和智慧眼光，以雄厚的实力和超凡的境界打造了现代国粹与人居智慧相融合的京韵建筑群落，先后荣膺"最佳中式人居奖"等多项桂冠。

2010十堰最佳商业地产：维也纳商业广场

这是十堰地区首个纯商务地产项目和甲级智能化写字楼，让人们的目光由先前的有视无睹转换为如今的满目期待，也让城市的中轴线上平添了一道超乎寻常的风景。项目总建筑面积42 306平方米，地下2层，地上29层，楼高106米。

2011十堰最具期待价值楼盘：阳光·栖谷

阳光·栖谷，十堰首个城市综合体，正在北京北路掀起一场气势恢弘的造城运动。

依山筑城，造园为家，将自然、人文、建筑景观最大综合化，把建筑与自然融为一体。

2010十堰房地产特别贡献企业：十堰家兴源房地产开发有限公司

"兴家之梦，源于家兴"，这是十堰市家兴源房地产开发有限公司名字的来由，同时也是该公司旗下地产项目统一秉承的理念。

2010十堰房地产金牌物业管理企业：十堰阳光物业管理有限公司

2010十堰房地产特殊贡献人物：郑大斌

从佳裕到家兴源，从北京小镇到锦绣南山，郑大斌的商人身份未变，一颗赤子之心亦未变。

如果说房地产开发是郑大斌事业的转折点，那么舍弃高利润承担政府廉租房及经济适用房建设则是其人格魅力的升华。

郑大斌用自己对十堰房地产的付出告诉社会：从事房产的人很多，可有爱心的房产人会让人在前行中感到温暖的力量。

紧锣密鼓、步步推进、精心筹划的十堰首届婚博会走过"彷徨"期，走过"呐喊"期，终于开始"朝花夕拾"：媒体、商家、消费者三赢，达成了收益的高度统一，极大刺激了本年度婚庆用品市场的广告投入，掀起婚庆购物狂欢。

实施时间：2010年9月
实施范围：十堰市及周边县市
核心策略：婚庆用品团购、特刊展示、现场婚礼秀
创 新 点：媒体搭台、商家唱戏、消费者得实惠

十堰首届"裸婚"婚庆博览会策划案

给婚姻加"蜜"

□ 刘青 王伟

甜蜜行业欲取"蜜"

《三国演义》中有一场经典战役——赤壁之战，不论是草船借箭还是火烧连船，其关键就是巧妙利用了一个字"势"。

如果把《三国演义》中的"势"延展到营销活动中，也就是顺势、借势、造势，为活动注入鲜活、灵动、飞扬的灵魂。

2010年，十堰日报社广告中心综合部就打了一场因"势"取"蜜"的甜蜜战役——十堰首届"裸婚"婚庆博览会。

为什么会把目光投向婚庆行业？谈婚论嫁，喜行天下。嫁娶，从古到今都是人们津津乐道的话题；婚庆，俨然已成一个不折不扣的"甜蜜"行业。据不完全统计，2010年下半年，我市将有7 000对新人登记结婚，婚庆消费高达2亿元人民币。

为什么要展开一场取"蜜"行动？在个性婚礼逐渐成为婚庆时尚的同时，婚车要定、酒席要好、礼品要靓……各种婚庆消费问题接踵而至。因此，如何满足当代青年对婚礼庆典活动个性、高档、浪漫、时尚的消费需求，为婚庆行业提供品牌形象展示、产品服务推广、行业交流学习的最佳舞台成为当务之需。为此，我们想到了举办首届婚庆博览会，一步步展开取"蜜"行动，藉此带动新婚消费链中多元产业的和谐发展。

探"蜜"的出口在哪里？

在市场机制下，当产品满足了消费需求但推广不足时，行业跟进成为必需。在这种情况下，先行者采取市场运作是被逼无奈的结果，但选择强势的广告"呐喊"还不够，需要打动消费者、在消费者心中建立"我想要"的效果，离不开深入人心、环环相扣的步骤，离不开精准到位、驰载人文的前期策划。那么，从甜蜜事业里取"蜜"，出口在哪里？

让我们先来梳理十堰的婚庆市场——

婚庆群体分析：作为本地权威性高、公信力强的主流媒体，如果顺应市场，适时适势推出十堰市首届婚博会，媒体、社会、公众的关注度高，高频次、大密度的媒体宣传覆盖，必将引起业界的超高人气。同时，每个参展商家都会邀约自身会员、客户共襄盛会，再加上现场的参与奖励政策，现场人流量势必会大大增加。

市场动态分析：来自民政部门的统计显示，在十堰乃至全国，春节前后结婚的新人比例占全年的80％以上，而新人们一般会在9—11月置办所有相关结婚用品。所以，9—10月，是婚庆相关行业销售推广的绝佳时期，错过了这个销售旺季，就等于错过了一年的收益。

可以肯定地说，中国的一二线城市虽然存有大量的优质消费群，但十堰作为三线城市的消费能力同样超乎想像。既然很多一线城市的成功营销手法难以复制，那么深入走访并分析十堰实情，同样可以发现完全不同的市场风情，市场——消费群——社会需求，这就是取"蜜"的出口！

139

好的营销体系才能触到"蜜"

"蜜"很甜，但如果不细心呵护，也许会变苦。

为了最大限度地进行产品构架和市场推广，婚博会在营销体系上摒弃了其他专业展会单一乏味、缺乏亮点的传统运营模式，以"我们能做什么"、"消费者想要我们做什么"为导向，主要考虑"消费者的心理需求、产品获取的便利性和低成本"。活动过程中我们紧紧把握一点，站在为消费者考虑的角度，不一味"逢迎"，不搞产品"堆砌"，不放过"真品质"，多措并举全力投入活动中。

从横向来说，结合结婚产业链上的婚纱摄影、婚礼策划、婚宴、珠宝、房产、汽车、家装、家居、蜜月旅游、花艺、喜烟喜酒等新婚服务和产品进行纵深推介。

从纵向上来说，集聚婚庆行业最具影响力的强势品牌企业，配以婚纱流行趋势发布、彩妆流行趋势发布、珠宝流行趋势发布、新婚必知报告等活动，彰显整个展会看点多、品牌全、配套服务完备、资讯丰富、媒体关注度高、社会影响大的优势。

从参展企业准入资质来说，改变商家过去各自为阵、单打独斗、活动多、营销费用高、盈利能力低下的传统运营模式，在展前广告推广中与参展企业捆绑行动，展中展后充分利用展会媒体云集的优势予以积极推介，让企业在只付很少参展费用的情况下，现场大量接受新人的集中咨询、订购、消费。在第一时间迅速提升商家的产品销售和品牌知名度，为企业节省广告费及营销费用，成倍提高企业的赢利能力。

要从市场中获利，首先得"吃透"市场。在婚庆市场游弋，我们越来越强烈地感觉到，作为市场战略的重要模块，"吃透"市场的好处就在于，以前竭尽全力才能跑出一点距离，现在用一点力气就能跑出很远距离！这个很远的距离，让人心中"蜜"意连连！

为此，我们为2010婚庆博览会设计了以下内容：

（1）婚庆一条龙，超低享团购。婚庆用品在展会现场一应俱全，所有结婚需求一网打尽，省去传统婚庆用品采购东奔西跑的烦恼。而且在活动现场，订单更享超低团购价，年轻的准新郎新娘省去舟车劳顿之苦，还享现场订单省钱之乐。

（2）现场婚礼秀，天长地亦久。每位新娘都希望在婚纱拍摄和婚礼当天展现自己最美的一面，但是婚庆行业的快速发展和流行趋势的变化多端会让每一位从婚礼现场走过来的新人都有点无所适从。在婚博会的现场，新人们将看到时下最新潮的婚纱、妆容以及婚礼形式，让新人在潮流的最前线选择经典、浪漫的婚礼元素。

（3）多家婚庆商，排队任你挑。邀请知名品牌及顶级婚庆服务商家参展，同时展会将邀请来自各行各业的观众，其中包括婚庆行业联盟商家、广大赶潮时尚族群和新婚人士到会观摩、洽谈、现场订购，推出全方位、多角度、无死角的产品阵容。

（4）节目推上前，喜庆氛围浓。丰富多彩的文艺演出，浓烈的喜庆氛围，让新人在欢乐的氛围里完成其人生中最幸福、最具意义、最难忘的婚姻大事的筹备。

1　《十堰晚报/我们结婚吧 》B10版
2　《十堰晚报/我们结婚吧 》B06版

现场活动流"蜜"

　　紧锣密鼓、步步推进、精心筹划的十堰首届婚博会于2010年9月18日终于拉开帷幕。走过"彷徨"期，走过"呐喊"期，我们终于开始"朝花夕拾"。

　　百万让利——此次活动参展商家规模空前，参与让利知名品牌参展商达40家之多；且每位参展商家都与主办方明确现场特别提供展会销售政策（低于门市价），让利幅度前所未有，总价达百万元以上，真情回馈广大消费者。

　　入场送礼——百万好礼，来就送，就怕你拎不动。凡持婚博会门票到现场登记的消费者即可获得精美礼品一份。

　　幸运抽奖——奖品众多，价值丰厚。每位在现场订单的消费者持消费凭证在主办方的抽奖转盘处参加抽奖活动，更有机会获得价值4999元的神秘大奖。

　　婚纱摄影——韩式唯美、欧式奢华、中式古典、自然外拍旅行。2010年婚纱摄影风格别样多彩，知名影楼与婚纱摄影工作室以完美的手法为新人带来最具创意的婚纱照，找到最适合新人需求的婚纱摄影风格。

　　婚庆服务——婚博会为客人量身打造婚礼。根据每位新人的不同爱好、不同追求或不同的诉求点，为新人量身定做婚礼，会场的布置、灯光、音乐、道具、情感表达方式、舞台节目、主持人、主持词等各种元素完美配合，演绎一场期待中的婚礼。

　　婚戒首饰——来自国内一线品牌的百款珠宝钻戒纷纷在本次婚博会上亮相，为新娘带来新一季的感官体验。当天裸钻、对戒也跌破最低价，商家更承诺，为新人当日购买的结婚首饰做一生的养护。

新娘彩妆。光彩夺目的浓妆，清新淡雅的裸妆，2010年到底该化什么样的新娘妆容？是渴望拥有明星的彩妆造型，还是如出水芙蓉般的脱俗清新？是渴望个性突出的神采飞扬，还是意义深远的特色秀？大婚当天，少不了美丽的新娘妆。趁着结婚潮，在专家的指导下好好规划新娘妆！

婚车服务。宝马、奔驰等豪华婚车为你带来一场奢华婚礼，自行车、卡车则能为你带来个性的元素。婚博会拥有最熟悉路况的车队，最多微笑的车队，最人性化的车队，最放心的车队。

婚礼用品。结婚用品主要为婚礼现场增添气氛和效果，随着婚庆行业的不断发展，结婚用品道具也是花样繁多，如床上用品、喜糖、喜酒、冷焰火、签到台、请柬鲜花、大红喜字、气球等。婚博会，绝对让新人省时省心。

当日，现场汇集地产、汽车、家居、家装、家电、婚庆、婚宴、婚纱、酒水、珠宝、创意婚庆用品等20个行业，特邀百余家国内外知名企业参与，包括婚房项目参与，中高档汽车品牌悉数亮相，家居企业带着特惠建材来到现场。除此之外，婚庆龙头企业代表——吉祥礼仪，婚纱摄影名牌——巴黎婚纱、金夫人婚纱等悉数到场。展会期间，约2 000人次参展，不少新人在现场直接交付定金，把婚纱、酒宴、珠宝、婚庆用品给定了。新人刘女士夫妇就是其中一对，她告诉记者："市场上的婚庆公司都在现场，我跟几家公司都交流过，确实很让我满意。整个过程很替我着想，而且比平时去店里咨询的价格便宜不少，下订单就可以抽奖，所以我干脆就把定金交了，现在就去抽奖区抽奖。"

与此同时，被"重重包围"的商家们都遇到"人满为患"的"难题"。"我们想把婚纱照照得有个性，有哪些户外场景可以拍出这样的效果？大致费用是多少？"面对热情高涨的新人，某婚庆公司一位工作人员向组委会人员感叹："只恨自己没有分身术，嘴巴都要说干了！"某家电卖场的负责人说："第一次参加婚博会，原本只是想现场展示自己的品牌，解答解答新人的疑问，效果好的话，签几笔订单，没想到有这么多新人签单和达成意向性协定。"此外，婚博会这种"抱团"抢占市场的模式，不仅使新人一站式轻松搞定结婚所需，也使婚庆商家现场大量接受新人的集中消费。现场不少商家表示，仅在婚博会两天的订单，就已超过平时一个月的订单量，现场总成交额超过千万元。

婚庆博览会"蜜"语

将现场（带销售行为）活动设置在酒店内场，开十堰日报社广告经营总公司经营先河，为首届"裸婚"婚庆博览会增添亮色。活动以"媒体搭台、商家唱戏、消费者参与"的形式为主，实现了消费者省钱省心办婚事、商家订单宣传赚人气、媒体办公益活动拉动增量的"三赢"效果，达成了收益目的的高度统一，重新梳理婚庆市场品牌，树立了婚庆行业的标杆企业，极大刺激了本年度婚庆用品市场的广告投入，掀起婚庆购物狂欢。

无尽岁月出精彩作品，无尽岁月有精彩策划。

把精彩策划当成一部作品来完成，用心、用情、用意。

案　　例：十一消费大全

实施时间：2013年9月底

核心策略：找准对应点进行有效统筹

创 新 点：用精彩的作品，串起精彩的消费生活

"十一消费大全"策划案

致无尽岁月

□黄小彦　任紫薇　毛以国　郝新颖

《汽车周刊·十一消费大全》封面

2013"十一消费大全"以当代湖北著名女作家池莉《致无尽岁月》作品思想为主线，以其作品《有了快感你就喊》、《生活秀》、《太阳出世》、《你是一条河》为分支，分别延展至汽车、消费、房产和健康四大版块，通过新颖的主题与形式拉近与读者的距离，带来耳目一新的阅读感受。

《汽车周刊·十一消费大全》策划
有了快感你就喊

【策划背景】

池莉的小说《有了快感你就喊》，描写了中年男人卞容大对"有了快感你就喊"的向往和追求。作为军中流传的格言，小说认为，中国男人尤其需要这种精神——人性的、自由的、坚定的、革命的。

其实，每一个男人的内心深处都隐藏着各式各样的"非分"之想，那些几乎都是打破常规、突破世俗界限的隐秘欲望，绝不循规蹈矩。比如说对车的欲望，就绝非"四个轮胎加两个沙发"那么简单。就好像你现在已经过上了有吃有住的生活，却远不能阻止你对"吃得更好，住得更舒服"的生活的追求。

男人对好车的追求是永无止境的。

而汽车的每一次变革也隐藏着各式各样的"非分"之想，那些几乎也都是打破常规、突破世俗界限的隐秘欲望，绝不循规蹈矩。无论是思铂睿、索纳塔，还是杰德、新蒙迪欧……他们的每一次革新都蕴含着这种人性的、自由的、坚定的、革命的精神，无不让驾驶者充分体验"有了快感你就喊"的驾驶愉悦感。

蓝天、微风、一米阳光、无限风景……你还在犹豫什么，这个十一长假，驾着你的爱车，给生活一些激情，"有了快感你就喊"吧。

【推荐车型】

驾驶快感：SUV

车内空间宽敞、越野性能强的各种SUV车型是自驾爱好者的首选。近年上市的城市SUV大都采用轿车底盘，行驶平稳性大大提高，舒适性也不错。

推荐车型：东风本田CRV、北京现代新IX35

空间快感：MPV

虽然MPV车型大多标榜为商务用车，可是从严格意义上说MPV其实仍是针对家庭用户的车型，用在多人参与的全家出游旅途中可谓非常合适。MPV车型的车内空间要比同排量的车相对大一些，一般设计为三排座椅，7—8个座位，载人、装物都会省心很多。

推荐车型：东风本田艾力绅、别克GL8

舒适快感：家庭轿车

对于离市区百公里左右的距离，一般的家庭轿车就可以应对这类出游了。带的东西不会太多，而且参与的成员少。家轿本来就是为家庭设计的车型，4—5座，加上一个可以存放物品的后备箱，短途旅行足够了。

推荐车型：长安福特新蒙迪欧、索纳塔八

时尚快感：跨界车

跨界车（Crossover）车型源自轿车化的SUV，逐渐发展成为轿车、SUV、MPV和皮卡等车型的任意交叉组合，集轿车的舒适性和时尚外观、SUV的操控性和MPV的自由空间组合于一身，又有SUV的良好通过性与安全性，在空间上也会比传统的轿车大很多。对于强调个性、追求刺激的时尚一族而言，跨界车无疑是出游最佳选择。

推荐车型：东风本田杰德、雪佛兰科鲁兹掀背车

《消费周刊·十一消费大全》策划
生活秀

【策划背景】

《生活秀》，秀的就是生活的本色！

池莉笔下的来双扬是一个美丽的武汉女子，经过多年打拼，成功经营起一个酒家，生意红火、追求者众多，看似风光得意，却有着自己的苦衷：母亲早逝，父亲另娶，为了拉扯弟弟妹妹她成为吉庆街第一个个体户；婚姻失败，独身一人……如此种种，皆让她应接不暇，疲于应对。

也许，这便是生活。即使生活中有各种不如意，但是来双扬仍然坦然面对，该美的时候肆意绽放，该悲伤的时候也会在掉头走开时放声大哭一场，人生得意之时也会笑得灿烂。

生活就在那里，不管你的心情好与坏，它都会如期而至，如日升日落。

生活就在那里，舞台已经搭好，就等着主角上场，去演绎。

这是你的舞台，这是你的生活，这是你的秀，大幕已经开启，就等你了，这场秀的主角！

十一小长假，应该是全民的阶段性狂欢，不用像中秋三天假一样过得匆匆忙忙，也不用像春节假期那样走亲访友，这个假期是真正完全属于你的时间。如果说一周5天，一天8小时，甚至远超过这个时间总数的区间不是你真正想要

B 第□消费周刊

十堰晚报
SHIYAN EVENING NEWS

2013 9 26

池莉代表作《生活秀》中的来双扬，是一个美丽的女子，经历种种，仍坚强面对。用书中话来说，谁让这就是生活，谁让自己就是这生活的主角？

人生如戏，戏如人生。对于一部好戏的称赞莫过于"本色出演"，而在生活这场秀里，每个人都以最本真的面目出现。面对着唯一的剧本，唯一的导演，时刻上演着独特的真实。

当然，和那些真正被大众熟知的、名副其实的演员相比，当一个靠自己的努力生活的小演员，会更加快乐和踏实，喜欢逛街就去做个购物达人，喜欢下馆子就做个聪明的食客，发现最经济实惠的美味；喜欢玩儿数码，就省点儿银子添置件炫酷的手机；喜欢你的她，就用这世上最独一无二的方式把她娶回家……

尽管起点低，未经专业训练，但一点儿也不拧巴，在这个十一，用熟悉的剧本、熟悉的角色，在自己的小戏台上唱戏，你的天赋，绝不会辜负你。

记者 殷佳佳

【十一消费大全·致无尽岁月】

生活秀

《第一消费·十一消费大全》封面

的生活，那么这个7天你完全可以去寻找、去创造、去拥抱你的生活，找回你的本色！

生活这场戏，主角就是你，时时刻刻在演绎生活的本色。当我们形容一场好电影的时候，"本色"出演该是对电影最崇高的敬礼，每个人都将最真、最亲、最美、最炫、最嗨的一面展示在舞台上，秀出了自我，秀出了生活的真谛。

【策划思路】

生活秀之"最亲"

老百姓过日子讲究的是实实在在，两菜一汤看起来朴素，吃起来健康，品味起来可不简单。美食的本色，有时候只关乎一份怡然自得的心情，外加一份材料平常但做得用心仔细的家常食物。但一家人、一帮朋友完全沉浸在吃东西的时候，那一刻的随心所欲，已经把生活点缀得五颜六色了。

"接地气儿"是近些年最为流行的词语之一，之所以流行，是因为能阐释人们心中的期许。高端酒店再高档也是满足人们口腹之欲的地方，他们如今也放下身价，走起了"亲民"路线，推出了家常菜、经济实惠餐、中低价位等产品，让普通消费者也能走进高档酒店的大门。

生活秀之"最美"

农历八月丹桂飘香，暗香袭来，让人顿感清爽。如果能在桂花树下野餐、休憩，那该是生活中最美的享受。其实这个城市已经有这样的一些乐活家，他们用自己的行动实现了你的梦想。野餐这种自然、健康、向上的生活方式的精神核心就是抵制矫情、勇于动手、倡导环保。

但一场完美的野餐也不是仅仅把餐桌搬到野外那么简单，从野餐目的地到食材、装备以及时间安排，必须要考虑周全。桂花树下，是现实生活里散发明媚气息的一道布景；食材，是安慰口腹之欲的一种乐趣；装备，是你手边制造情调的一味调料。享受"最美"的生活，去找寻一片桂花园，开始准备野餐吧。

生活秀之"最炫"

十一假期里，总有一天，我们会参加一场婚礼。这虽然是个玩笑，但却是实情。金秋是个诞生浪漫爱情故事的季节，怎样才能让你们的爱情故事更加精彩？这当然少不了一些小创意，如新娘的出场方式、婚礼现场的布景、背景音乐、互动游戏等，在这些小细节上的创新，会让婚礼更加有心有意，也能宾主尽欢。

最炫的婚礼当然不是用鲜花、钻戒、豪华酒席衬托出来的，最炫的婚礼是最有创意的，最令人过目不忘的。

生活秀之"最嗨"

十一小长假近了，七天时间里，在外地工作的人都该回来了，长期宅家的也该出来晒晒太阳了，忙碌了大半年的朋友该暂时歇一歇了。"七天时间里，总有几天不是在参加朋友聚会，就是在参加朋友聚会的路上。"虽是玩笑，但也道出了实情。邀三五好友，出来聚一聚、乐一乐。除了K歌，朋友聚会还能玩儿什么？真人CS游戏、密室逃脱这些都会让聚会变得生动有趣，即使足不出户，朋友们也可以在一起开展一些有创意的小游戏，如推理游戏"天黑请闭眼"、考验胆量的游戏"真心话大冒险"、很有刺激感的游戏"007"等。总之，关掉手机，跟身边的朋友聊聊天，不要只顾着跟微信、陌陌上的陌生人胡侃，不要让难得的一场朋友相聚变成了低头玩手机、抬头干瞪眼的无聊聚会。

生活秀之"最潮"

智能终端已经成为我们生活的一部分，生活小秘书、社交新工具、随身携带的小影院等，手机王国里的两大巨头苹果和三星又有了新动作。苹果5S/5C已经发布了，这两款机型究竟有何区别，该买5C还是5S，在哪里买比较便宜，在哪里买更加省心？老对手也不甘落后，也有最新款机型发布了，这些都是最新鲜最潮爆的数码谍报，"十一消费大全"即将为你呈现。

生活秀之"最新"

十一长假，忙的可不只是穿梭在各大商场、餐厅、酒店、娱乐场所的上班族，商家们更是使出浑身解数吸引消费者。十一长假自然也成为消费者心中理想的购物时间段，商家纷纷推出了各种折扣优惠活动。信息太多，怎样才能在纷杂的信息中找到自己最想要的内容？"十一消费大全"汇总全城各大商场、餐厅、酒店、娱乐场所长假期间推出的优惠促销活动，为你提供最全面的信息指南。

《楼宇周刊·十一消费大全》策划
太阳出世

【策划背景】

《太阳出世》是生活的味道，20世纪九十年代的故事放在今天，依然像是身边发生的。一对小夫妻的成长充满艰辛和烦恼，但因为孩子这轮"小太阳"的出世，曾经灰暗的世界也变得光明美好起来。

"小太阳"让曾经单纯幼稚的我们，变得有爱心，有责任心，有上进心，这正是成长的过程。孩子把三个人的生命紧紧连接，让彼此成为世间最稳定的亲情关系，让生命有了新方向，也让生活不再彷徨。

正如"小太阳"带来的，房子对我们来说也是一种甜蜜的负担，我们的生活梦想随着居住梦想的改变也有了不同的意义。从安得广厦千万间到住有所居，再到现在"以房养老"新政策的试点和年轻人共筑爱巢的愿望，房子加剧

《楼宇周刊·十一消费大全》封面

了我们彼此亲近的程度。而共同的投入与共同的努力，也让房子有了家的感觉，如同"小太阳"带来的光芒快乐，居家生活也在房子的承载下变得其乐无穷。为了家人的幸福生活而努力奋斗，也许就是人生最伟大的目标。

【策划思路】

1．出世·变革

"小太阳"的诞生不止开始了一段新生命，更是为人父母另一段人生旅程的开始。十堰的房地产在经历深度调控后，购房者居住观念、购房理念的变化，房企传统营销模式的破局，竞争加剧后的产品线变革……后调控时代，十堰房地产迎来全新的变革时代。

2．出世·责任

"小太阳"的诞生，让人们对世界有了新的看法。面对孩子时不禁要问：我们给他们带来的，是一个什么样的社会？是一个怎样的世界？他们未来的路到底应该怎样走？生命的责任，生活的责任，曾经懵懂的人们在孩子面前学会了成长。

一所房子，一个家庭，开发商建造的房子，不只是钢筋水泥的组合，而是万千家庭居住梦想的集合。如何合理规划、安全设计，如何将建筑艺术与生活细节相联系，如何用居住方式的改变带来业主生活的舒心，是房地产企业需要细细考量的社会责任。

3．出世·抉择

生活虽然琐碎，似乎有无尽的烦恼和不愉快，但太阳照常升起。那些我们曾经软弱的地方，在困难的打磨下变得坚强、有力，生活的意义正在于此。明天，我们依然要应对甜蜜与困惑交加的早晨。

房子是梦想与现实的结合体，是甜蜜的负担，也是一种时代的呐喊。这种"甜蜜的负担"，我们到底该不该背负？

《健康周刊·十一消费大全》策划
你是一条河

【策划背景】

《你是一条河》中，池莉没有对主人公辣辣直接露骨的赞美，而是透过一个个小事件、一个个普通生活片段，使一份母爱变得祢足珍贵。

生命是大河，泥沙俱下，浪奔浪流，有清澈时，有奔流时。静水深流处，隐藏着无数的汹涌暗流。人生的这条长河里，每一个阶段都有自己关注的事情，有自己

C 健康周刊

十堰晚报
SHIYAN EVENING NEWS

weekly

2013年9月28日 星期六
责任编辑 黄小兔 编辑部协战

有了快感你就喊

生活秀

太阳出世

你是一条河

【十一消费大全·致无尽岁月】

你是一条河

感动源自生活，它可能饱含忧伤喜悦，却有着真实却持久的温情。池莉的作品《你是一条河》就给人这样的感觉，她并没有时主人公矫揉直接赞美，而是通过琐碎的生活片段，让你从内心深处感到一份母爱的你足珍贵。

我们的生命是条河，有泥沙俱下、浪奔浪流，有清澈平和，波澜不惊、蜿蜒绵长，静静地流向大海，而这一路中也隐藏着无数的暗滩暗流，在人生的这条长河里，每一个阶段都有我们所关注的人和事，有亟需解决的健康问题。国庆长假来临，我们需要有坚定的健康信念，勇敢地面对生命长河中的每一次挑战。

（详见C2—C7）

《健康周刊·十一消费大全》封面

需要解决的健康问题。国庆长假已经临近，我们需要有坚定的健康理念，勇敢地面对生命长河中的每一次挑战。

【策划思路】

1. 源头·生命

主人公辣辣的丈夫逝世，她的肚子里怀有四个半月的身孕。而她那时，已有七个孩子。她曾经坚定地认为，女人就应该生孩子，可是当她面对众多孩子时，自己却受尽了磨难。

怀孕是生命的开始，也是生命之河的源头，它虽是涓涓细流，却最终会成为一条宽阔的大河。秋季一直都是怀孕好时节，面对生命的起点，想做父母的年轻人应该做些什么呢？

针对群体：备孕人群、年轻父母

2. 上游·奉献

在那个特殊的年代，辣辣依靠自身微弱的力量，艰辛地哺育八个孩子，她为孩子们奉献了一生。生命逝去时，留下的却是一声遗憾的叹息。

母亲在我们的生活中扮演着重要的角色，然而，奋斗了多年的她们却也有健康出问题的时候。十一来临，针对秋季女性容易出现的健康问题，请有关专家进行解答，利用长假好好关心我们敬爱的妈妈。

针对群体：30—40岁的母亲

生命是一条河，她也有千千万万的小溪汇聚，珍贵的血液如同汇聚成生命之河的溪流，它饱含爱意。十堰这个城市，就有许许多多奉献爱心，将热血汇成生命之河的无偿献血者。今年的十一长假，他们会再次让我们动容。

3. 中游·健康

《你是一条河》中，在苦难中挣扎的辣辣准备跳河轻生，她的小叔子王贤良最终将她救起，对她说："你怎么能这个样子呢？生命属于人只有一次呵！"所以，主人公辣辣36岁那年，还有着浓黑的头发和比乡下女人白嫩的肌肤，散发着成熟女性的美丽。

人的生命只有一次，所以需要加倍珍惜。然而，人到中年后，"压力"、"家庭"、"工作"等几座"大山"高高耸立，让生命之河变得蜿蜒崎岖。

生命长河总会因为这些因素出现健康"小问题"，所以及早地发现，及早地解决至关重要。为了让生命的河流奔腾不息，定期体检是最好的选择。十一长假，应该放下手中的工作，关心一下自己的健康吧！

针对群体：30—50岁都市人群

4. 下游·养生

书中，辣辣的小叔子经历了男人该经历的事情之后，赋闲下来，唯一想学的就是陶渊明。他在后门开辟了一块菜地，种了些白菜萝卜，养猫养狗，填词赋诗，郁闷了读读史书，烦躁了读读经书，粗茶淡饭，肠胃舒适，大小便通畅，过了几个月神仙也没有的好日子。

人年迈之后，生命之河步入尾声，即将汇入大海，不像上游、中游那般湍急。人的生活也该学学这位小叔子，粗茶淡饭、心情愉悦。

养生一直是热门话题，秋分已过，看看中医大师教你如何健康度秋天。

针对群体：60岁以后人群

拾玖

　　九月的阳光散发香甜，采撷希望；九月的脚步铿锵有力，坚定从容；九月的车城，因《十堰晚报·消费大全》而满目绚丽，生机盎然。

　　从2003年到2012年，《消费大全》走过十载春秋，风采依旧。

　　从2003年到2012年，《十堰晚报》广告人风雨兼程，奋斗不息。

　　从2003年到2012年，智慧与心血，创新与拼搏，几多精彩，几多辉煌，凝聚成《消费大全》发展壮大的优美篇章。

　　回眸《消费大全》十年的品牌之路，璀璨夺目。

　　在《消费大全》十周岁之际，我们品味她的精彩，为的是见证她的价值，感谢关注的人，展望她的未来，为的是与读者共享美好的明天……

《十堰晚报·消费大全》十年回顾

十年躬耕带来品牌力量

□刘青

以社会责任为魂　关注读者需求

黄金周到了，去省外、周边旅游休闲一下，去电影院看场电影，找个特色农家乐把盏言欢，在本地约三五好友娱乐娱乐……这是每一个十堰人都曾经为之兴奋的事情。

作为十堰的主流媒体，《十堰晚报》有必要承担起这样一份责任，为广大十堰市民在节日带来欢乐和笑语，带来兴奋和甜蜜。

从2003年开始，《十堰晚报》逢重大节日就推出《消费大全》，比如"五一消费大全"、"十一消费大全"、"春节消费大全"等。所谓的《消费大全》就是在重大节日来临之前，为广大市民提供一份假日休闲手册，基本包括所有市民关心的话题，如旅游线路、列车时刻表、假日饮食及健康、如何省钱又省时等。

《消费大全》的推出，经过三个月的思考和论证，对市场反馈回来的信息，我们反复分析比较，最后定位《消费大全》集服务性、全面性和创造性于一体。基于这种考虑，《消费大全》一般在重大节日前一个星期推出，比如假日休闲、假日健康、假日乐购、假日汽车等。

《消费大全》在当年一推出就引起了广泛关注，无论是读者还是客户，都对本次策划给予高度评价，被誉为"十堰假日休闲宝典"。有读者表示，"拿着《十堰晚报·消费大全》，到哪儿休闲都知道"；更有客户表态，在晚报投广告，就要投《消费大全》。

以消费大全为名　塑造媒体品牌

《消费大全》的成功，是当时充分考虑老百姓的需求，抓住假日的契机，推出了老百姓密切需求而又不可得的资讯手册，名字也是几经更换，出现过十一消费大全、假日消费手册、假日资讯宝典等，最终为了便于被市民接受，也是为了塑造一个品牌，才一直保持《消费大全》这个名字。

经过几年的发展，《消费大全》成为《十堰晚报》的一个象征，一个被广大市民认可的品牌。每逢节假日，大家都会期待并关注《十堰晚报·消费大全》。但近三年，随着其他纸媒的竞争模仿、广大市民的要求增高、网络媒体的快速发展，《消费大全》的发展也遇到了前所未有的瓶颈：市民觉得内容不够全面，广告太多了，客户也认为广告效果比以前差了……

其实，这是必然会遇到的瓶颈，但品牌的影响力还在，所以，《十堰晚报》在2011年和2012年尝试了各种不同的方式，希望能够给大家带来耳目一新的感觉。

将各种分散的《消费大全》统筹起来一起出，这样信息更全面，内容也更丰富；

在每一个《消费大全》的版块上尝试不同的创意，如《健康四大名著》、《七天大胜》等。

充分利用美编的能力，在封面和版式上注入了各种吸引眼球和带来惊喜的创意。

这些改变确实带来了不少惊喜，却少了曾经经久不息的关注，很难再成为大家茶余饭后闲侃的话题。

封面

　　这是一种考验，也是一道坎，迈过去，海阔天空，品牌将会得到极大的延伸和放大。作为媒体广告人，尽自己最大的努力，将思维的无限可能性注入到这一品牌，将其所带来的品牌价值文化发扬到极致，是我们每个人的责任。

以与时俱进为本　树立媒体标杆

　　回眸十年来走过的艰辛历程，《消费大全》的每一步发展无不凝聚着媒体广告人的睿智和汗水。分刊还是合刊，是一种形式的创新；《健康四大名著》、《七天大胜》、《十一狂疯》，是一种思维的创新，无论是哪一种创新，都给《消费大全》注入了新鲜的活力，为未来再展宏图提供了更为广阔的发展空间。

　　《十堰晚报·消费大全》计划推出手机版和网络版，使信息更丰富，另将市民关注的网上消费、智能时代消费——通过多层次、多渠道呈现给大家，依托《十堰晚报·消费大全》，注册"消费大全微博"，建"消费大全QQ群"，充分发挥媒体的平台优势。在十堰和全国各大城市之间，形成以《消费大全》为中心，一个独立于传统媒体之外、更为紧密地辐射到全国的媒体网络，将十堰这个城市的各种旅游资源、投资消费、特产资源源源不断地发往全国各地，实现历史性跨越。

　　十年的历练，"诚信十堰，服务永恒"已嵌入媒体广告人的骨髓，"让您的生活多一点方便"已成为《消费大全》出刊的宗旨。我们正迈着坚定而有力的步伐，朝着"打造智能升级版《消费大全》"的目标前行。

封面

"装帧考究"、"设计大气"、"内容翔实"、"文笔优美"及"图片精良"等襄奖之词此起彼伏，同时各个投放点纷纷接到了补货的反馈，很多慕名而求者也是纷至沓来。最终，总印数达10000册的10月号只保留了30份存档杂志，创造了《十堰Magazine》创刊以来的最大轰动效应。

为什么绿松石专题能够引人注目？

恢弘的布局和缜密的架构所构筑起的集大成式专题展示是核心之钥。

《十堰Magazine》大型新闻专题策划"东方圣玉"后记

十堰风物第一传

□吕伟

2011年7月，一支媒体新生力量甫一创刊便在车城十堰引发好评如潮，它就是十堰日报传媒集团倾力打造的高端政经商业杂志《十堰Magazine》！

从7月号的《山地整理》到8月号的《大盘时代》，再到9月号的《五堰街变迁史》，《十堰Magazine》始终将十堰最核心的元素予以最大化和最全面的关注和解读。如前所述，杂志创刊3期所涉领域分别涵盖政务、地产和商业三大领域，且相关策划全是各自领域中最具分量和最新的新闻事件。

接下来该做什么？

仙山秀水汽车城，这是三张最能够代表十堰的世界级名片，因而挖掘武当、南水北调以及东风汽车三大题材是需要慎重且敬畏的态度的。最为重要的是，鉴于这三大题材的宏大和深度，新创刊的《十堰Magazine》操作起来困难不小。

峰回路转，柳暗花明，绿松石开始步入杂志运营团队的视野。

"神奇的石头能补天"，一直以来绿松石都是每一个十堰人最引以为豪的地方风物，在业界更是有着"东方圣玉"的美誉。怎么去做？又该如何做好？乃至于做精做透……

虽然这一题材不如仙山秀水汽车城那般宏大，但深厚的历史渊源和独特的人文底蕴使之亦不易驾驭，但心怀梦想的《十堰Magazine》人还是义无反顾地出发了。

团队力量，集体智慧
打通"任督二脉"，打造杂志拳头产品

作为《十堰Magazine》2011年10月号的主选题，东方圣玉集结了包括《十堰晚报》和《十堰日报》两大编辑部的新闻业务尖兵，比如《十堰晚报》首席记者朱江、《十堰晚报》资深文化记者冰客及《十堰日报》首席摄影记者陶德斌等。

再辅以《十堰Magazine》专职记者的全力配合，东方圣玉这一大型新闻采访团队的构架基本成形。

团队整装待发，该如何制订一个可行的策划方案成为最迫切的任务，而同业界权威人士的沟通则成为方案制订之前最重要的环节。

唯有找到他们，才能够知道这个行业的现状，才能够懂得现状背后的本质，也才能够游刃有余地去确定策划方案的指导思想和整体框架。

于是，团队先后找到了对绿松石钻研颇深的文化学者黄劲松，找到了弃地产策划而投绿松石投资的曹俊峰，找到了本土绿松石销售龙头企业东方圣玉的掌舵者董建云，找到了十堰绿松石协会会长张江红……

可以这样说，5个人选分别代表着绿松石产业的一个方向，这样一来整个绿松石专题的结构和分量就有了保证。

除此之外，有着"绿松石之乡"之誉的竹山县在行政方面的发声同样不可或缺，无论是资源保护抑或产业发展均具有绝对的发言权。值得一提的是，当时竹山县委、县政府基于绿松石而大力推动的竹山国际绿松石城项目正在如火如荼地进行中，这无疑是对竹山绿松石美好发展前景的一个佐证。

在新闻性之外，植入性广告的完美融入也是团队重点考虑的一个问题，和绿松石相关的各大经营实体顺理成章地成为最大支点。

（东方圣玉藏品）

"会跑"的绿松石

十堰民间流传着一个说法，绿松石有灵性，"会跑"。这是因为绿松石矿分布呈"鸡窝状"，开采找矿很难，时而偶得，因此被披上神秘的面纱。

从地质学角度认识绿松石，它是一种含铜的磷酸盐矿物，主要产在碳质、硅质岩层中，含矿地层的时代是距今约5亿年前的寒武纪早期，矿体呈透镜状、结核状、镶嵌状、脉状填充等，所藏绿松石常成隐晶质块状，苹果绿、灰绿或天蓝色，具有柔和的蜡状光泽，颜色鲜艳的块体可做工艺雕刻材料。在块体中有铁质"黑线"的称为"铁线绿松石"，在国外则称"蓝缟石"。

据有关资料介绍，目前，绿松石在美国、斯里兰卡有少量产出（约占15%），非洲有很少量产出（不到1%），70%都产自中国。而中国主产地在湖北的十堰市，约占全国的70%。十堰地区绿松石矿在清朝以前就有开采，有矿点80余处，古代开采的坑洞均为顺层开采，一般深10至30米，最深达200米。

从上世纪50年代开始，湖北省地质工作者对郧阳及邻近的绿松石矿进行了详细的地质普查，郧县绿松石地质储量约2万吨，有绿松石矿点与矿床30多处；竹山全县17个乡镇，有13个乡镇辖区有绿松石矿资源，地质储量约5万吨，绿松石矿点100多处。由于竹山绿松石纯度高，80%以上出口，年开采绿松石原矿石100余吨，加工近百吨，年销售额近2亿元。2009年竹山绿松石成品产量占全国同类产品总量的70%，占世界总产量的60%。此外，十堰城区、郧县、郧西县也有一批经营绿松石的公司，生意十分红火，十堰地区已成为全国乃至全世界的绿松石珠宝饰品加工交易中心。

竹山作为世界罕见的绿松石富矿区，资源得天独厚，优势无与伦比。近十年来，开采得罕见的绿松石屡屡刷新世界记录，单颗绿松石重量由上世纪80年代的85公斤，到2000年的146公斤和2004年的243公斤，再到2010年的390公斤，堪称"世界绿松石之王"。2005年该县被中国特产之乡推荐暨宣传活动组织委员会命名为"中国绿松石之乡"。2007年，"女娲绿松石"获得湖北名牌产品称号。2010年2月24日，国家质检总局宣布对"竹山绿松石"实施地理标志产品保护。"竹山绿松石"获得国家地理标志保护认证，为该县绿松石产业做大做强插上了腾飞的翅膀，使得绿松石产品有了销往世界的特殊通行证。"竹山绿松石"是全国第7个、全省唯一一个矿藏类地标产品。"竹山绿松石"地理标志产品不仅是竹山的、十堰的名片，而且是全省的、全国的名片。

竹山县境内的矿带丰富，形成于远古时代，其结构奇特，色泽艳丽柔和，质地坚硬细腻。竹山县绿松石资源分布在13个乡镇，共有绿松石主要含矿带13条，尤以麻家渡镇、秦古镇、溢水镇等矿点的储量最为集中。概算地质远景储量5万吨左右，潜在价值达1500亿元以上。按60%回收率，其工业可采储量达3万吨，减去已用储量，目前保有储量在2万吨左右，按年限量50吨计算，可开采年限约400年。

随着绿松石文化和经贸的发展，十堰的经销商由过去单一卖原材料逐步发展到精加工，由开采、加工半成品到生产精美工艺品，产供销一条龙，有力地推动了绿松宝石产业的发展。绿松石产品由原来比较单一的随珠、戒面，逐步发展到各种款式的项链、手链、戒指、胸坠、耳饰、十二生肖及各种人物、花鸟、走兽等，不仅畅销各大中城市和香港、澳门地区，还远销日本、美国、尼泊尔等20多个国家。

这种不透明的绿蓝色宝石以其质朴典雅、温润光泽的外表，加上传说赋予的"扭转命运，避邪保平安"的灵性，征服着越来越多的人。绿松石这一有文化的宝石，将伴随着它神秘的文化而大放异彩，在中国的宝石中闪耀着碧绿诱人的光芒。

陶德斌|摄

32–33

竹山绿松石城项目展示，曹俊峰个人绿松石藏品，东方圣玉企业形象宣传以及产品展示，均成为本次专题策划的创收点。

布局恢弘，架构缜密
绿松石集大成式专题展示惊艳业界

2011年11月初，通体流溢着油墨清香的《十堰Magazine》2011年10月号正式出街，一时间掀起了杂志创刊以来最热烈的反响，好评如潮！

"装帧考究"、"设计大气"、"内容翔实"、"文笔优美"及"图片精良"等褒奖之词此起彼伏，同时各个投放点纷纷接到了补货的反馈，很多慕名而求者也是纷至沓来。最终，总印数达10 000册的10月号只保留了30份存档杂志，创造了《十堰Magazine》创刊以来的最大轰动效应。

为什么绿松石专题能够引人注目？

恢弘的布局和缜密的架构所构筑起的集大成式专题展示是核心之钥。

纵观整个架构，共分为5大版块，分别为文化篇、产业篇、访谈篇、服务篇和广告篇。

在文化篇中，策划团队以"一块石头的传说"为题将绿松石的四大文化属性娓娓道来，无论是承载着女娲文化的"补天石"，抑或是因和氏璧而扬名的"帝王石"，再到见证人类社会发展的"见证石"，乃至蕴含着各种文化属性的"文化石"，绿松石那饱满且又多元的风骨和禀赋在字里行间跃然而出。

如果说《重寻绿松石》一文是个楔子的话，那么以传奇人物张世根为代表的张氏家族和绿松石产业间的渊源和故事则是最生动的篇章。除此之外，涵盖了资源的开发保护、商业价值、工艺及品牌构建在内的绿松石产业的系统关注和强力聚焦也逐次展开。

无论如何，这都是记者"第三只眼"的关照，如果能辅以业界人物的深度访谈无疑将会有血有肉。

纵观访谈篇，竹山县绿松石产业办公室主任冯世安代表的是地方政府的立场，十堰市绿松石商会会长张江红和十堰东方圣玉绿松石坊董事长董建云彰显的是业界的声音，湖北上庸古城置业有限公司总经理明鹏则体现的是资本的力量。

紧随其后，曹俊峰和王太国在绿松石收藏领域中的个人成就，让绿松石这一方兴未艾的稀缺性资源的价值再加一码。

在理性客观的产业解读之后，读者看到的是由电影中的玉石情缘和绿松石"养生之道"组成的服务篇，这是绿松石专题策划趣味性和实用性的功能体现。

专题结尾，是一篇企业形象宣传《圣玉出东方》，从实际效果来看其已然和整个策划融为一体。

举一反三，触类旁通
十堰风物第一传只是一个全新的开始

这是十堰风物第一传。

为什么这么说？是因为十堰风物种类之盛有目共睹，开发前景亦令人心动。作为十堰日报传媒集团旗下的政经类商业高端杂志，《十堰Magazine》身负的使命中就包括了为地方经济建言献策的职能，对十堰风物的集纳式关注和解读是非常好的一种方式。

目前十堰正在全力构建鄂豫陕渝毗邻地区区域性中心城市，媒体在这个过程中应该充分发挥各自所长，将十堰独特的地产风物和人文底蕴捧给每一个十堰人看，献给每一个来访者看。

地产风物比如郧阳黄酒，从庐陵王的传奇故事再到普通百姓家的待客之道，这样的风物难道不值得你我去潜心挖掘？

人文底蕴比如武当文化，这是十堰挖之不尽的富矿，武术、养生、建筑、道医、道乐……哪一个做出来不是鸿篇巨制？

这只是一个全新的开始。

让我们期待十堰风物第N传的问世！

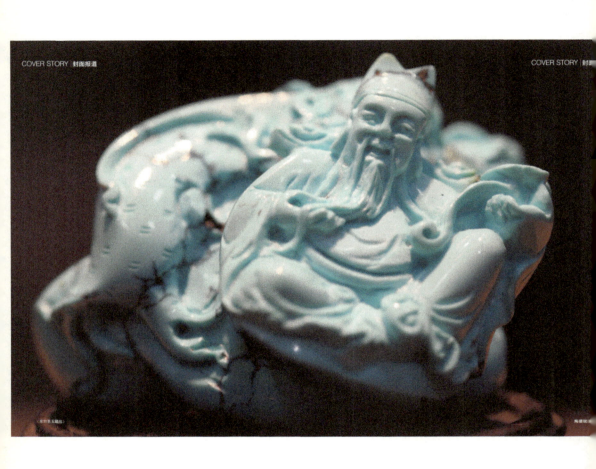

（东方玉玉藏品）

陶瓷玻璃

　　2010年4月16日，《十堰晚报》推出中国第一份3D报纸。一时洛阳纸贵，一纸风行。全国百余家新闻媒介竞相转载了这一消息，效仿者趋之若鹜，迅速在国内掀起了一股3D浪潮。据不完全统计，全国共有300余家报纸先后推出了3D版，其带来的广告效应也达百亿元。

十堰日报传媒集团"特色设计"之探究

报纸特刊的包装与创意

□陈洁

星期五
今日3D共16版

2010 年 4 月

16

庚寅年三月初三

十堰日报社主办
国内统一刊号：CN42-0024
邮发代号：37-31
总第 4500 期

2010年4月16日，《十堰晚报》推出的中国第一份3D报纸。

十堰市很年轻，区区不到3万平方公里，短短不到50年的历史；《十堰晚报》也很年轻，日均不足30版，创刊仅有20年。但就是这样一个在全国名不见经传的地级市、这样一个在全国报界汲汲无名的纸媒，通过自身的创想与创意、探索与革新，近年来却佳作频出、不同凡响，引领着报业变革的浪潮，延伸着平面媒体的核心价值，通过对平面媒体介质的革新与包装的创意，探索出一条纸质报媒的包装创意之路。

　　何为特刊？美国期刊编辑联合会评选的"美国期刊奖"2003年度最佳特刊奖（Single-Topic Issue）的颁奖说明提到：特刊指的是杂志针对某一个重大话题，打破正常的栏目设置，整本杂志都探讨此话题。获奖者必须"内容全面、透视精准、充满了对该话题的想象力和选题把握能力"。报纸特刊与杂志特刊形式上比较接近，而新闻性、时效性更强一些。

技术创新，报纸瞬间一纸风行

　　达·芬奇说，绘画的最大奇迹就是使平的画面呈现出凹凸感。同样，平面设计的最神奇之处就是在二维有限空间中把文字和图片条理化，再加上创意，塑造出生动的形体，从而引导读者的视觉流程，传达编辑思想，让受众在获得信息的同时得到美的享受。2010年3月5日，由美国著名导演蒂姆·波顿（Tim Burton）执导的3D电影《爱丽丝梦游仙境》（*Alice's Adventures in Wonderland*）全球首映，我抢先观看了这部影片。看完电影后，便邀十堰市亚新影城总经理张辉到与影城一路之隔的咖啡厅喝咖啡。期间谈到电影的发展趋势，我们均断言3D将是电影市场将来很长一段时间必用的一个技术手段，最好的佐证是此前美国著名导演詹姆斯·卡梅隆（James Cameron）执导的《阿凡达》（*Avatar*）全球上映后迅速夺得票房冠军。出于职业敏感，我便提出能否做3D报纸这一想法，没成想我们一拍即合，认为这是一个创新，技术上可行。很快，我们进入技术研发阶段。

　　3D是英文单词Dimension（线度、维）的首字母，3D即三维空间，是利用偏光技术原理等特殊的影像处理手段和人眼在影像还原时的视觉错觉而产生的三维成像显像技术。《外滩画报》在对比利时《最后一点钟报》3D报纸有这样的体验描述，"他（杰克）的脸庞仿佛触手可及，你甚至能看清他皮肤上的花纹"。技术人员使用photoshop将一张普通的2D照片分离成不同层次的红蓝两张图片，然后将两张图片不完全套印在一起，合成一张"模糊的图片"，这张"模糊的图片"就是3D图片，使用3D眼镜观看，3D效果就出现了。《十堰晚报》推出3D报纸的时机比较特殊，不像之后其他报纸那样，并非重大节庆或者大事件，也并非广告客户要求，而是内在的一种创新渴望与冲动。BZ53D中国经过专业技术攻关，4月16日，《十堰晚报》推出中国第一份3D报纸。一时洛阳纸贵，一纸风行。全国百余家新闻媒介竞相转载了这一消息，效仿者趋之若鹜，迅速在国内掀起了一股3D浪潮。据不完全统计，全国共有300余家报纸先后推出了3D版，其带来的广告效应也达百余亿元。中国记协党组书记、常务副主席翟惠生，国家新闻出版总署新闻报刊司副司长朱伟峰很有兴致地翻阅了《十堰晚报》出版的中国首份3D报纸，对突出特色、锐意创新和谋求突破的做法表示赞许，勉励《十堰晚报》继续运用高新技术提升传统媒体影响力，不断探索发展创新，做大做强做优报业。

包装创意，凸现纸媒创想无限

2010年3月28日，湖北省县域经济工作会在十堰召开，这是全省经济领域的一次盛会。《十堰日报》如何在这次报道中出新出彩？特刊！特刊一直是《十堰日报》诸产品线中的优势项目，108版，可谓全市县域经济发展的"清明上河图"。但如何体现地域特色与创意呢？首先，此次特刊时间紧、任务重，印刷采用新闻纸印刷，又无法装订，拿起来比较松散。其次，作为一份新闻特刊，与会代表会不会看完就扔，破坏了会场环境。因此，做好这次特刊包装必须解决好这两个问题：整齐性与收藏性。

一叠一百多个版的新闻纸如果要做到整齐，要么装订要么用外包装。循着这个思路，我将特刊外包装设计为筒状，且外包装图案用《十堰日报》要闻版面。筒状报纸上，登有省委书记李鸿忠赴黄冈团风移民安置点亲切看望慰问郧县移民的彩色新闻照片，登有当地科学防灾、脱贫致富奔小康试点工作等7条消息。纵观整个筒状报纸，新闻纸是黄色的，而就在这发黄报纸中，抢眼地"跳"出了一个白色的背景：全省地图。地图上，"转变增长方式，实现跨越发展；给力县域经济，促进荆楚崛起"的会议宣传语很是醒目。同时，筒盖以《十堰日报》报头、报眼下面的蓝色线条为切口，非常妥帖且天衣无缝地造出了一个完美的新闻报纸外包装圆筒！

然而，这样的包装能完全体现十堰特色吗？我再次陷入深思。众所周知，全世界70%的绿松石产于中国，中国70%的绿松石产于十堰。可以说，绿松石是十堰唯一一个天然代表十堰走向世界的名片，如果要体现地域特色非绿松石莫属。绿松石是一种升值空间大的宝石类产品，作为纪念品也是不二选择。考虑到特刊的便携性，在特刊外包装上装一个吊坠，一是便于携带，二是增加纪念收藏价值。综合以上创意，最终呈现的全省县域经济工作纪念特刊，综合实现了可读性、便携性、收藏性于一体，走出了报纸特刊包装创意的一条新路子。会议当日，1 000余名与会代表没有一人将特刊落下，会后均赞不绝口，作为纪念品收藏。

情感包装，颠覆读者阅读体验

2012年2月26日，省委、省政府在十堰召开现场办公会，研究提出一系列支持十堰发展的政策措施。紧接着召开十堰市三级干部大会，充分表明了省委、省政府支持十堰打造区域性中心城市的决心和信心。此时，十堰正值初春，春风拂面，万物勃发，全面建设区域性中心城的号角已然吹响，打造区域性中心城的旗帜在车城上空迎风飘扬。

这是一场政治性、严肃性极强的盛会，重大事件、重要节点出版特刊是十堰日报社传统。面对这样的一场盛会特刊如何出、如何与全省县域经济特刊错开角度，成为困扰采编人员的一大问题。

毫无疑问必须得另辟蹊径。那么，这条径在哪里呢？一个关键词掠过我的脑海：春天。春天给以人希望，催人奋进。沿着这条思路朝下想，信。一封春天的来信。就这样形成一封送给与会代表春天的信。思路业已形成，包装亦是易如反掌。根据这一理念，我将特刊设计成信封形式，用粉红色作底色，意喻温暖、温馨。

第二天会议现场，与会代表一落座便发现一封粉红的信，便好奇地打开，发现是《十堰日报》出版的特刊。会议之余便津津有味地阅读起来，对《十堰日报》的特刊创意也无不称奇。

近年来国内报纸包装创意盛事不断，让纸媒在纸型的尺寸上大胆突破，在表现形式上屡出奇招。

——四连张式。譬如《羊城晚报》在北京奥运、上海世博、广州亚运接二连三地推出"四连张"特刊，分别以《盛世龙腾/华夏凤舞——北京奥运会》《飞天——上海世博会》《醒狮——广州亚运会》为创意切入点，直把"四连张"从"特刊"做成了"特产"。这些在纸型上以"异型张"形式出现的纪念珍藏版，或以横向(水平)版式出现，或以纵向(垂直)版式示人。不少读者买到这天的报纸后如获至宝，将其装裱起来有如一幅幅卷轴式国画。

——画卷式。藉纪念新中国60华诞之际，《华商晨报》自2010年8月起推出了每天一期、历时两个月的大型报道《中国画卷》。画卷着重表现新中国60年来各方面的变化。每天画一幅，展示一个方面的内容。该报的这次创意和设计，获得了"国际新闻设计协会"(简称SND)第31届"全球最佳报纸设计比赛"金奖，是全球中文报纸在"SND"31年历史中首次获得金奖。

——剪纸式。传承着中国民间传统文化精粹的剪纸艺术，被《辽宁日报》在《行走世博》特刊中运用得出神入化：在"包围式"的版式设计里，大红剪纸精妙传神地表现外滩、陆家嘴、东方明珠、中国馆等上海城市和世博园景观，版面的喜庆气息扑面而来……这种把中国元素与上海世博的有机结合，给读者留下了深刻印象。

——拼图式。上海世博会举办期间，许多纸媒的"世博园"全景图用的都是世博官网的图片，但《半岛晨报》在特刊中另辟蹊径自己泼墨绘制园区大图。有趣的是，在28个版的特刊中有14个版面设计了"世博拼图"的拼图碎片，它们分布在特刊的偶数版面上，读者可沿版面边缘将留白裁掉再把14个版面拼起来，一幅完整的水墨《浦江世博图》即呈现眼前。《辽宁日报》的《水墨世博》特刊手笔更大，竟是由32个版拼成。

——水墨画式。以《国韵》为主题、动用了16个整版呈现上海世博会22个场馆是《重庆时报》的创意，最让人过目不忘的是它的水墨画风格，从第一版墨盘出墨、画笔起笔到最后一版画笔收墨，画出一幅贯通全部版面的世博场馆与城市背景交融的中国水墨画。

——丹青式。作为地市级党报的《中山日报》，在上海世博会期间拿出了他们的大制作《世博丹青》。特刊总长12米，设上、下两个篇目共八卷，每卷4版通连，卷首皆以书法家题字为卷名，分"天"、"地"、"人"、"和"、"日"、"月"、"星"、"谐"，画面是一气呵成的上海城市水墨写意，整个版面设计精妙，气势恢弘。集齐八卷可装裱成上下两幅画轴，两幅画轴恰好组成一副对联：上联为"天地人"，下联为"日月星"，横批"和谐"。《世博丹青》一举夺得第32届"SND"全球新闻设计大赛优秀奖，不仅是本届唯一获奖的地市级党报，同时也是这届大赛中广东省唯一的获奖者。

——连环画式。如《新京报》2010年3月20日推出16个版的《世博探秘》特刊，在每个版面的顶部拿出一条通栏的位置以连环画的方式图文并茂地向读者叙述了从1851年的起源一直走到今天的"世博之路"。还有《半岛晨报》的《世博改变生活》特刊，则动用12个整版以水彩连环画形式回顾了从"工业革命"、"汽车革命"、"通讯革命"、"信息革命"、"环保革命"到"2010年看世界看中国"，与前者有异曲同工之妙。

一叠送给与会代表春天的

提神鼓劲

——谨以此干

跨越发展

三干会"献礼

党旗飘扬

——庆祝中国共产党建党90周年纪念特刊

主办：十堰市委组织部
十堰市委宣传部
十堰市委党史工作办公室
十堰市档案局
十堰日报社

谨以此刊向中国共产党90华诞献礼

　　作为一家地市级媒体，十堰日报传媒集团广告经营总公司近年来面对新兴媒体的巨大挑战以及激烈的报业竞争，推行战略性策划，办活经营性专刊，精心打造地域广告特色。他们以正面引导为前提、以举办活动为载体、以实现双赢或多赢为目标，一方面围绕节庆、纪念日，将新闻策划、经营策划、活动策划融为一体，一方面在活动策划中找宣传点、找盈利点，以鲜明的个性吸引读者，实现社会效益与经济效益的高度统一。

　　事实证明，当市场经济规律对纸质新闻媒体的影响日趋深远深刻时，必将形成破发，而根据市场动向、报纸版面结合而成的经营性专刊，最终会成为纸质媒体的看点和经营增长点。

十堰日报传媒集团办活经营性专刊之探究

精准策划下的战略出击

□ 刘经华 黄小彦

《大运"惠"》封面

2011年8月31日，一条来自新浪的微博、一份依旧散发着油墨清香的特刊在车城十堰乃至湖北新闻界广受关注。8月26日，十堰日报传媒集团广告经营总公司抓住第26届世界大运会在深圳举办之机，通过《十堰晚报》推出经营性专刊《大运"惠"》；31日，《楚天都市报》副总编任浩在微博中点评此专刊："媒体经营需要点无中生有的气量。以为大运会只是广深媒体的商机，身居内陆山区的《十堰晚报》却傍着大运会火了一把，巧妙的一字之改，网罗国内数十家品牌商企，共谱惠民新曲。从版块设置到版式设计、文字组织均具不凡气质。这样的完美策划出自地市级晚报之手，由衷钦佩。"

如何加强策划实现广告经营效益的最大化？这是当前各媒体不断探索的新课题。中国人民大学新闻学院教授喻国明指出："当前已经迎来了传播过剩时代，在这个时代，人们的注意力选择成了市场追逐的稀缺资源，直接瞄准受众注意力资源，实施目标定位、信息优化，是媒体必须推行的市场营销手段。"正是在这样一个时代背景下，越来越多的报纸广告管理者开始向运营者转变——这些广告经营者不再浅尝自乐，拘泥于单个的、上门来的广告产品建设，而是把广告经营理想和广告运营理念双双擎起，潜心笃行；不再是逐利主义的忠实拥趸，他们的思维中开始流淌具有社会责任感的道德血液。作为一家地市级媒体，十堰日报传媒集团广告经营总公司近年来面对新兴媒体的巨大挑战以及激烈的报业竞争，推行战略性策划，办活经营性专刊，精心打造地域广告特色。他们以正面引导为前提、以举办活动为载体、以实现双赢或多赢为目标，一方面围绕节庆、纪念日，将新闻策划、经营策划、活动策划融为一体，一方面在活动策划中找宣传点、找盈利点，以鲜明的个性吸引读者，实现社会效益与经济效益的高度统一。在集团旗下的《十堰日报》、《十堰晚报》、秦楚网，十堰日报传媒集团广告经营总公司每年都推出植树节、教师节、护士节等专刊，先后成功组织出版了《向祖国汇报——新中国成立60周年纪念特刊》（256版）、《百年巾帼——"三八"国际妇女劳动纪念特刊》（84版）、《携手同行——十堰日报创刊60周年纪念特刊》（424版）、《道和天下——第四届世界传统武术节纪念特刊》（100版）……这些融思想性、史料性、文化性、实用性为一体的大型纪念特刊，增强了读者和广告客户对媒体的信任感和忠诚度，扩大了报纸和新闻网的影响力，为媒体带来了良好的经济效益和巨大的品牌效应。自2010年以来，十堰日报传媒集团推出各类特刊213类，仅此带来广告收入2 125万元。

事实证明，当市场经济规律对纸质新闻媒体的影响日趋深远深刻时，必将形成破发，而根据市场动向、报纸版面结合而成的经营性专刊，最终会成为纸质媒体的看点和经营增长点。

紧扣市场脉动，寻找策划点

随着市场经济的发展，"假日经济"逐步走向成熟。"假日经济"给商家和企业提供了刺激消费的机遇，也给报纸开拓广告市场创造了营销的潜力。抓住每一个节点，为其注入"成活的创意、成熟的思想、成形的模本、成功的印记"，十堰日报传媒集团广告经营总公司的主题策划涉及了商业、地产、汽车、通信、教育、医疗、财经、专题等诸多行业。

以教育版块为例。2011年3月，正值全市265万名中学生冲刺中考的关键时刻，备受瞩目的《十堰市2011年高级中等学校招生考试简章》出台。此时此刻，办一份具有权威性、指导性、服务性、前瞻性的特刊成为报业经营的当务之急，而这也正是广大家长及考生之所需。十堰日报传媒集团广告经营总公司得知此讯快速行动，广告中心专刊部在第一时间拿出策划方案，方案将宣传重心定在一个点上，即"2011中考金刊"。金刊的新闻以六个方面为内容，分别从"读——重点解读、评——名师点评、说——现身说法、拨——指点迷津、询——心理咨询、导——服务引导"入手；金刊的广告围绕学生、家长关注的入选学校，用图文并茂的形式，彰显各校的办学理念、发展概况、特色教育、名师队伍、学生英才等，解读入选学校的常青密码、文化内涵、名校之魂。这样一来，由教育专家点评、名师解读、优生介绍备考心经、家长畅谈家教成果等支撑起的新闻实用而充盈，一个个风格各异、内容翔实、看点十足的"样本学校"统筹起的广告犹如一幅幅打开的画卷，读者可选择、可比较、可欣赏、可作为资料永久珍藏。

再看地产版块。随着地产对地方经济贡献比值的不断增加，此方面的策划可谓汗牛充栋。如何冲出突围另辟宣传蹊径？十堰日报传媒集团广告经营总公司进行了积极、有效的探索。他们敏锐认识到，在房地产所构筑成的钢筋水泥矩阵下，林立的脚手架、忙碌的塔吊、各种色彩的安全帽以及栋栋现代化的建筑一直让行业更多地体现出男性化特征，而在看似粗犷的建筑线条下，众多女性地产从业者的身影同样让人难以忘记。基于此，广告经营总公司在2011年"三八"妇女节到来之际，精心谋划、准确定位，推出了《十堰晚报·地产玫瑰》特刊。通过特刊读者如发现新大陆般惊喜不断：原来，自己身边的置业顾问，99%都是"她"；在策划、销售主管中，越来越多的女性开始发声；在平面设计中，女性设计者一直有着自己的一席之地；在地产老总这样一个男性掌舵者占绝对比重的行业，依然有巾帼不让须眉……可以这么说，适应市场大势、直达广告客户需求的策划，让十堰日报传媒集团广告经营总公司为新闻受众奉送了一道道别致的风景、一朵朵令人叹为观止的地产玫瑰。

统筹有效资源，选准破题点

在经营性专刊的运作过程中，十堰日报传媒集团广告经营者发现，一份能给人带来精神受益和视觉享受的专刊，必须解决两个问题：一是以新闻理念办专业化版面，必须统筹兼顾，过度重视新闻性，失去经营专刊的专业特点，没有顾及市场、读者、广告客户的需求，必会导致"只见版面不见效益"。二是以市场需求为导向，一切围绕客户转，把专业性版面变成有偿新闻、软广告版面，其结果是专业性、新闻性大打折扣，市场影响力大大降低，"只见广告的树不见新闻的叶"。因此，把经营性专刊视为媒体营销策划方面的系统改革，十堰日报传媒集团广告经营总公司规定：每上马一个大型经营专刊项目，广告不能超过版面的一半；每面对大量经营性专刊素材，必须围绕专刊主题取舍有度，与主题相符的广告保证上，与主题不符的广告坚决撤；每创办一个思想性与竞争力兼备的经营性专刊，必须要有新闻支撑，达到新闻稿、评论、互动、看点、广告软文、硬广相呼相应、相辉相生。

2010年10月16日，第四届世界传统武术节于十堰盛大开幕。外界一致认为，这是前所未有的武术盛会、文化盛会，也是十堰媒体展开角逐的广阔舞台。围绕武术节，《十堰日报》推出了中英文双语报纸和3D报纸，填补了全省乃至全国同级党报的空白。同时，广告经营总公司创办了第四届世界传统武术节纪念特刊《道和天下》。运作这份经营性广告特刊时，如何从浩繁庞杂的新闻资源中找到破题点，策划人员一度反复斟酌。他们分析，武当因"道"源而名"太和"，"和天下"乃众望所归，而道家的无为、无争、守雌、贵柔，可谓典型的和平思想，"和"与"道"经年相生，"道和天下"是为极致。所以，世界武林盛会必将由会生和、以会达和、藉会致和。在"和"的主旋律下，一座城市的光荣与梦想、一场盛会的绽放与灵光、一座名山的探寻与解读、一方水土的追溯与品味、一部调水的壮歌与史诗、一项产业的崛起与壮大、一方民生的滋养与眷顾、一张名片的打造与凝思、一介品牌的成长与见证、一个市场的觉醒与发展、一座城市的赐予与拥有、一个时代的奋斗与不息、一代市民的追

《道和天下》封面

梦与渴望、一道屏障的打开与精彩、一场信息的蝶变与高进、一地商圈的启航与成熟、一柱擎天的担当与奇迹、一种模式的效应与春天构成了辉煌的"十堰文本";县市专题、珍宝特产、本土美食、茶韵酒香、美景胜地、休闲娱乐、汽车房产、通信医疗、商界地标等广告元素成就了一部宏大的"年度巨献"。某种程度上讲,此经营性专刊的运作,既是一次富有时代意义的系统盘点,也是一次彰显媒体品质的可贵探索;既是报纸宣传报道的一大亮点、一大手笔,也是地市级报纸推进战略转型的重要收获。

坚持双赢原则，打造结合点

报业经营以报为本，报人生存以发展为基。作为市场和报纸的有机结合体，经营性专刊的特性可谓专业而鲜明，应该说，"赢"是其最本质的特性。两年来，十堰日报传媒集团广告经营总公司在经营性专刊的运作中狠抓业务拓展，不断挖掘商机，对重大事件采取本土化操作，将办报与经营实行一体化管理，盘活人才、版面、市场等各种有效资源，使经营性专刊既创造社会效益，又创造经济效益，为壮大发展新闻传媒事业营造广阔的空间。

2010年3月8日，正值"三八"国际劳动妇女节100周年之际。十堰日报传媒集团广告经营总公司推出《百年巾帼》特刊。如果说强烈的社会反响形成了一个"果"，那么精心的策划和几近于苛刻的、对于操作素材的细致剖分与选择，则是反响之"果"的前"因"所在。作为联合出品人，市妇联创办此刊的初衷是：此刊要有纪念意义、要有收藏价值、要有对广大妇女的激发作用。为达这一目的，广告经营总公司策划人员广泛搜集资料，多方拓展视野，以思想的燧石撞击特刊的火花。他们发现，此专刊政策水准、历史跨度、所涉行业不一，要想出彩，必须坚持"双赢"原则，偏离任何一方都达不到既定效果。百年岁月，无论风云激荡、沧海桑田，无论风雨砥砺、春华秋实，无论花开花落、潮涨潮落，"共享光荣与梦想"成为所有女性见证人生的心灵乐章——而这正是《百年巾帼》特刊所有元素的结合点。在这种指导思想下，百年记忆、维权案例、巾帼荣誉等承载了女性在岁月大舞台上自尊、自信、自强的风采；巾帼丰碑、岗位创建记录了十堰女性在这块热土上奋斗、奉献、创造的印记。名留青史的一代英雄王聪儿、不负心盟的女作家梅洁、武当"侠"女陈永霞、传奇10号刘爱玲、书写"拳"奇的当代"武松"陈传香、"剪"彩人生跃然纸上的朱云英等28位女性榜上有名，全国"三八红旗集体"——竹山县塘湾女子公路道班"路花"飘香，来自移动、法院、商超、酒店、医疗、银行、财政、出租车、教育、家政等诸多行业的"巾帼文明岗"创建实至名归……结果证明，《百年巾帼》赢了，赢在强烈的社会反响上，赢在一份特刊创出70多万元的收益上。

无独有偶，2011年"五一"前夕，十堰日报传媒集团广告经营总公司精心策划的《"五一"消费大全·四大名著篇》出炉。这款专门为节日量身订制的养生专刊，首开无双视角，将新闻受众的阅读需求和市场推介通过"四大名著"融为一体，可谓造化之妙，存乎一念。红楼篇里，品美食文化，谈现代人假日饮食，观凤姐红消香断"血色桎梏"，看医者妙招游刃"微创解除"。西游篇中，看猴子学得神艺、师成出师、斩妖除魔、位列仙班，其成长史告诉人们，成长从起点就开始预备。延展到生活中，医学的火眼金睛可让胎儿畸形无处遁形，神奇的技术能让自然分娩不再疼痛；水浒篇里，梁山好汉的"大碗喝酒，大块吃肉"遭到痛批，现代人的海吃豪饮不足以取。三国篇中，孔融遇害之"巢毁卵破"成过去式，"保胆取石"成为医界进行时……把"四大名著"抽丝剥茧，为我所用光芒四射；将先天祖气咀来嚼去，精华所至回味无穷，这部经营性专刊的成功运作证明，抱守双赢原则，寻常之中找准结合点，"赢"是必然！

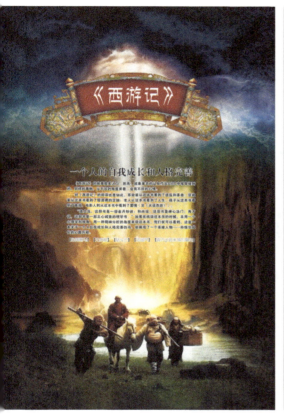

笃行战略策划，突出最亮点

与对新闻事件进行报道策划以获得最佳的传播效果不同，十堰日报传媒集团广告经营总公司在经营性专刊的运作中，坚持走战略策划之路，将受众定位、制作效果、营销手法、广告经营以及与传播活动有关的行为纳入其关注的范畴内，不断接受来自各方面的信息反馈，据此调整原来的方案，进行新的规划和设计。可以说，他们所笃行的战略策划是一个先于信息运作又与信息共同运行的持续过程。其推出的众多成功经营性专刊验证了应用新闻学范畴中的一条定律：专刊及其产生的良好效果，来自于出类拔萃的传播技巧，而传播技巧的运用或传播艺术的表现，又是以对诸多新闻信息的精心策划和组织为前提的。

2011年8月，30强商企将在十堰进行大力度折扣、直降、直返等多种优惠，十堰日报传媒集团广告经营者敏锐意识到，此时正是第26届世界大运会在深圳如火如荼进行之时，举办大运会，旨在提升城市发展水平、改善市民生活质量，而此次十堰商界推出的活动，初衷在于让消费者受益，对于企业自身而言，意义不言而喻。亮点何在？在于"惠"！而且是不折不扣的大运

"惠"！本着借势打造商家惠民平台这一基点，广告经营总公司策划者进行市场调查后拿出方案，从"惠声——树一个布德泽的名、惠和——走一条和为重的路、惠泽——举一面商有道的旗"三方面破题。惠声版块的主旨在于宣传企业理念、增强企业社会认同感，因为市场如浪喧嚣，在消费与被消费的时段，十堰商业需要惠声，需要把惠声注入点点滴滴的惠民行动中，需要让庸常的生活变得有价值，需要沉湎在物质与欲望中的精神重获尊严。惠和版块的主旨在于刊发企业宣传、介绍企业商品、推广新品精品，因为作为一座移民城市，十堰居民来自四面八方，一代代移民带来了特色不同的思想观念、行为方式和生活习惯，天南海北的地域文化在十堰汇聚，迸发出无穷活力。海纳百川的文化大融合，成为这座移民城市重要的精神根基。而十堰商业"大运惠"的举办，目的就是创造一个机会，让不同的商家聚集一起，让消费者分享消费的乐趣，分享时代创造的幸福，分享文明进步的成果。惠泽版块的主旨在于推介商家惠民大动作，因为对于商家而言，道只有一条。那就是：谁真正为消费者服务，谁真正有利于民族产业的发展，谁就能最终获得消费者的青睐和支持。此方案一经亮相，即获大部分商家认可。有商家指出，惠民范围还可进一步扩大，宣传主旨还可进一步深化，推介形式还可进一步互动。在多方搜集信息、反复考验的基础上，十堰日报传媒集团广告经营总公司决定再开辟原生态写作，以第一人称的写法，通过消费者亲身体验写出产品真正的"惠"，让"惠风"劲吹车城，就这样，"惠风——捧一颗惠民生的心"诞生了。8月26日，当第26届世界大运会谢幕时，十堰商业"大运惠"重磅开场，而由十堰日报传媒集团广告经营总公司主办的经营性专刊《大运"惠"》则大受好评。

力推创新意识，确立增长点

奋发蹈厉，玉汝于成。十堰日报传媒集团广告经营总公司通过运作经营性专刊体会到，办好一份专刊，对采编人员的素质要求是综合性的，绝不仅仅局限于新闻学、编辑学或纯粹业务本身。一项好的策划体现的是媒体统筹新闻资源上的强大力量，如果统筹水平不高，任何一个环节横生枝节，都将导致策划功败垂成。因此，加强创新性专刊策划，提升统筹水平，做到"诗在功夫外"，"常新"是广告不容忽视的增长点。

一种现象很能说明这一点。近几年来，每年圣诞节、春节、"五一"、"十一"前夕，十堰日报传媒集团广告经营总公司都会推出经营性专刊，这些专刊年年出品、岁岁创新，被社会誉为"不老招牌"。就拿教师节推出的特刊来说，2009年推出了《春华秋实》特刊，此特刊首次将"十堰教育"作为一项行业品牌，以春布德泽、万物生辉的《欣欣向荣之春篇》，夏犹清和、芳草未歇的《激情似火之夏篇》，意气峥嵘、薪火相传的《硕果累累之秋篇》，雪映千里、冰心可鉴的《厚积薄发之冬篇》，对"十一五"以来的教育工作予以全面盘点和深层次宣传，展现十堰教育人独有风采，剖析十堰教育创新之举；2011年，广告经营总公司推出了《星光灿烂》特刊，在与市教育局反复对接后，经营者决定将宣传重心定在十堰各学校不断涌现的"星级教师"上，通过年年杏坛播春风、岁岁种下满天星之《九月星亮——映照星河灿灿》，手浇桃李千行绿、点缀春光满上林之《九月星繁——点燃心灵烛光》，依依深情不言说、耿耿星河耀曙天之《九月星美——绽放成长光芒》三部分，引导新闻受众看"星"光"、寻"星"声、品"星"经，让人对杏坛里薪火传道的身影心怀感恩，让人在传承与解惑的烛照中追寻智慧的烛光。为此，广告经营总公司在《十堰日报》、《十堰晚报》推出64个版，用8天的时间先后推介198位名师，收到强烈的社会反响。"以后每年教师节，我们都要上这种专刊，要让它成为宣传十堰教育最亮的窗口。"十堰市教育局领导如是评价。

效益与公益并举，新闻与经营共存。对经营性专刊的成功运作，使十堰日报传媒集团广告经营总公司一步步树立起责任意识、集体智慧和团队精神。可以说，在致力于打造一张有思想的报纸、有表情的报纸、会讲故事的报纸的今天，十堰日报传媒集团广告经营总公司也正在实现由传统媒体向新锐媒体的历史性跨越。